OTONANOKIDUKAI&MANNERS SAKUTTO NOTE

人間関係もうまくいく！

# 大人の気づかい＆マナー サクッとノート

国際おもてなし協会 代表理事
**直井みずほ**
監修

永岡書店

## はじめに

# 気づかいは、ビジネスと人間関係の潤滑油

　ビジネスにおいて、人と人とのつながりは欠かせないものです。ビジネスパーソンは、日々、お客様、取引先、上司、同僚の方と接しながら仕事をします。

　さまざまな状況の中で相手とよい関係を築くことができると、円滑に仕事を進められるだけでなく、快適な職場生活を送ることができます。

　仕事をするうえで必要とされるマナーに、ビジネスマナーがあります。社会人として、相手を不快にさせないための必須の知識であり、身につけておきたいものですが、その礼節に相手への思いやりをかたちにした「気づかい」をプラスすると、より一層人との絆が深まり、仕事も効果的に行えます。

　ビジネスの場では、普段何気なく行っている行動や言葉が、事務的な印象を与え、誠意が感じられず、相手に不快な印象を持たれてしまうことがあります。

相手への思いやりをかたちにしたものであるはずのマナーが、形式的なマナーの領域にとどまり、心が伝わっていないのかもしれません。

　仕事で接する人と円滑なコミュニケーションを取るために、相手のことを思い、相手への心配りが感じられる行動と言葉を使いましょう。

　ぜひ本書で、一緒に働く人たちやお客様によい印象を与える心づかいと言葉づかいを知り、相手への伝え方と接し方のバリエーションと引き出しを増やしてください。

　そして、社会人としての信頼と好感度を高め、相手に対する心である「気づかい」をかたちとして身につけた皆様が、社会でご活躍されることを心より願っております。

NPO法人　日本サービスマナー協会
ゼネラルマネージャー講師
**直井 みずほ**

仕事の気づかいがサクッと身につく

# 本書の特長と使い方

　本書は、ビジネスシーンで役に立つ気づかいとマナーの基本を、さまざまなシチュエーション別に紹介しています。マニュアル的な対応から一歩進んで、デキるビジネスパーソンになるために、ぜひ活用してください。

## ▶ そのまま使える"気づかいフレーズ"が満載！

❶ 気づかいが求められるケース
❷ ケースごとの重要ポイント
❸ 具体的なシチュエーション
❹ 気づかいが伝わる基本フレーズ
❺ ワンポイント解説
❻ ありがちなNGフレーズ

❶ 仕事でよくあるさまざまなケースに分けてあります。
❷ ケースごとに、気づかいのコツと心がけるべきポイントを箇条書きにしてあります。
❸ ケースごとに、よく起きるシチュエーションを具体的に示しています。
❹ シチュエーションに対する適切な文例を掲載しています。
❺ 基本フレーズによって表現されている気づかいの内容や、気づかいが必要な理由などを詳しく解説しています。
❻ 使ってしまいやすい気づかいに欠けるフレーズを紹介しています。

## 2 気持ちが伝わる気づかいのコツをアドバイス！

どのような業界や職種の仕事でも、最低限身につけておきたいルールと知識があります。第1章では話し方・聞き方のコツ、立ち方・歩き方・おじぎの仕方などの身のこなし、オフィスでの服装などすべてのベースになる気づかい＆マナーを紹介。第5章では、社内外での上手な人づきあいやお酒とのつきあい方について一歩進んで解説します。

## 3 ビジネスの困った状況解決策をQ&A形式で解説

マナーを守って常に礼儀正しく振る舞っていても、仕事の現場ではさまざまな不測の事態が起きてしまうもの。「ランチでばったり会社の人に会ったら？」「仕事が終わったとき上司や先輩より先に帰っていい？」など、ビジネスシーンでよくある判断に困る状況を、Q&Aのスタイルでわかりやすく解決します。

♡OTONA NO KIDUKAI & MANNER♡

# 目次
CONTENTS

はじめに ······················································ 2
本書の特長と使い方 ······································ 4

## 序章

# '気づかい'で仕事が変わる ········· 9

その'気づかい'、本当に伝わっていますか? ········ 10
気づかいをかたちにすることがビジネスマナーの基本 ··· 12
さりげない気づかいがあなたの仕事力を高めてくれる ··· 14

## 第1章

# 知っておきたい
# 基本の気づかいとマナー ········· 19

| CASE 01 | 場の雰囲気を明るくするあいさつの気づかい | 20 |
| CASE 02 | 気持ちが伝わる話し方の気づかい | 22 |
| CASE 03 | 誠意を伝える聞き方の気づかい | 24 |
| CASE 04 | やりとりを心がける会話の気づかい | 26 |
| CASE 05 | スムーズに進む会話力アップのコツ | 28 |
| CASE 06 | 好印象を与える気品のある立ち方 | 30 |
| CASE 07 | さまざまな場面での美しいしぐさ | 32 |
| CASE 08 | 状況に合わせた正しいおじぎ | 34 |
| CASE 09 | オフィスファッションの基本マナー | 36 |
| CASE 10 | オフィスファッションのバリエーション | 38 |
| CASE 11 | 制服・ユニフォームの正しい着こなし | 40 |
| CASE 12 | ビジネスグッズの気づかい | 42 |
| CASE 13 | メイクアップの気づかい | 44 |
| CASE 14 | ヘアスタイルの気づかい | 46 |
| CASE 15 | アクセサリーの気づかい | 48 |

## 第2章

# 好印象を与えるあいさつの気づかい …… 53

- CASE 01　社内でのあいさつ …………………………………… 54
- CASE 02　社内での来客対応 …………………………………… 58
- CASE 03　接客の基本対応 ……………………………………… 62
- CASE 04　社外でのあいさつ …………………………………… 66
- CASE 05　名刺交換のマナー …………………………………… 70

## 第3章

# 仕事がうまくいく
# コミュニケーションの気づかい …… 77

- CASE 01　指示に対する受け答え ……………………………… 78
- CASE 02　質問・相談する ……………………………………… 82
- CASE 03　報告する ……………………………………………… 84
- CASE 04　依頼・お願いする …………………………………… 88
- CASE 05　お詫びする …………………………………………… 90
- CASE 06　お断りする …………………………………………… 92
- CASE 07　帰社、退社、遅刻等の連絡 ………………………… 94
- CASE 08　社内会議でのマナー ………………………………… 98
- CASE 09　取引先との打ち合わせ ……………………………… 102
- CASE 10　取引先へのお詫び …………………………………… 106

## 第4章

# 気持ちが伝わる電話対応の気づかい …… 113

**好印象を持たれる電話の受け方** ……………………………… 114
- CASE 01　電話を受ける ………………………………………… 116
- CASE 02　電話を取次ぐ ………………………………………… 122

**好印象を持たれる電話のかけ方** ……………………………… 126
- CASE 03　電話をかける ………………………………………… 128
- CASE 04　電話をかけ直す、伝言を残す ……………………… 132

| | クレーム電話対応の心得 | 138 |
|---|---|---|
| CASE 05 | クレーム電話に対応する | 140 |

## 第5章

## 信頼関係を築くおつきあいの気づかい … 149

| CASE 01 | 上司・先輩とのおつきあい | 150 |
|---|---|---|
| CASE 02 | 同僚・後輩とのおつきあい | 152 |
| CASE 03 | お酒の席での気づかい | 154 |
| CASE 04 | 気づかいを忘れないお酒のたしなみ | 156 |
| CASE 05 | 好印象を与えるテーブルマナーの基本 | 158 |
| CASE 06 | 取引先との打ち合わせ・商談 | 162 |
| CASE 07 | 取引先への感謝を伝える接待 | 164 |
| CASE 08 | 知っておきたいさまざまな場面での席次 | 166 |

## 第6章

## こんなときどうする? 大人の気づかいQ&A … 169

### 付録

## いざというときに役立つビジネスデータ集 … 183

### Column

| ●知っておきたい! 敬語の基本 | 50 |
|---|---|
| ●知らないと恥をかく人の呼び方 | 52 |
| ●おもてなしの心でお茶をお出しする | 74 |
| ●エレベーターでのお見送り | 76 |
| ●ビジネスメールの基本 | 110 |
| ●仕事でSNSを使うときの注意点 | 112 |
| ●スマートフォン、携帯電話の気づかい | 146 |
| ●オフィスでの若者言葉はOK? | 148 |
| ●ビジネスシーンの雑談で話してよい話題、NGな話題 | 160 |
| ●ちょっとした気づかいで気持ちが伝わる伝言メモのアレンジ | 168 |

# 序章
# '気づかい'で仕事が変わる

- ☑ その'気づかい'、本当に伝わっていますか？
- ☑ 気づかいをかたちにすることがビジネスマナーの基本
- ☑ さりげない気づかいがあなたの仕事力を高めてくれる

# その'気づかい'、
# 本当に伝わっていますか?

▼

### 気づかいをかたちにする難しさ

　たくさんの人が関わるビジネスの場では、日常生活よりはるかにデリケートな気づかいが求められます。さまざまなシチュエーションで接する上司や同僚、取引先、顧客などの人たちに対し、適切に振る舞い、敬意や尊重の気持ちを伝えることは容易ではありません。気づかいをかたちにして表す方法を知らなければ、かえって相手を不快にしたり、トラブルを引き起こしたりすることさえあるのです。

間違った気づかいがトラブルの原因に!?

よかれと思ってやったのに…

# 気づかい&マナーのよくある勘違い

**不在対応の勘違い**

　先輩の外出中、取引先から電話が。すぐに連絡を取りたいと言われ、先輩の携帯番号を教えたところ、先輩が大激怒…。

**報告の勘違い**

　ミスをしたことに気づいたけど、上司も忙しそうなので自分で処理をしようとしたところ重大なトラブルに発展…。

**お客様への勘違い**

　取引先のお客様が先輩と話していたので、そのまま素通り。あいさつもせずに失礼だと先輩にこっぴどく怒られて…。

**状況報告の勘違い**

　遅刻する時間を早めに伝えた取引先との打ち合わせに、10分遅れてしまうけど、心象悪くしたくないので5分遅れると伝えて…。

# 気づかいをかたちにすることがビジネスマナーの基本

### マナーとマニュアルの違いは"気持ち"の有無

　自分が接する人を尊重し、敬意を払う気持ちをかたちにしたものがマナーです。マナーというと「細かくて面倒なルール」という印象があるかもしれませんが、本来のマナーとはどんな複雑なシチュエーションにも対応できるよう長年かけて磨かれてきたもの。これを守ることで社会人として恥ずかしくない振る舞いができる、便利な「気づかいの結晶」なのです。

　マナーをただの「細かくて面倒なルール」だと勘違いしてしまうと、その振る舞いは形式的で心のこもらないマニュアル対応になってしまいます。ぜひマナーの本質を学んで、気づかいの心を忘れずにビジネスに役立ててください。

## 気づかいがあなたの信頼を高めてくれる土台になる

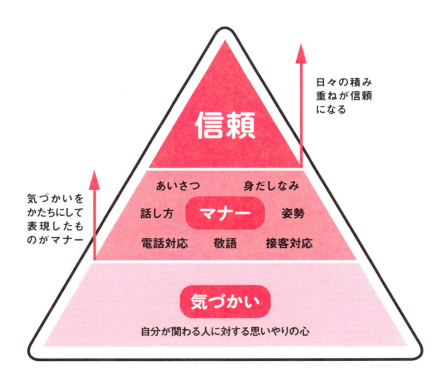

　自分と関わる人を思いやる気づかいの心を、身だしなみ、あいさつ、言葉づかいといった社会人としての基本姿勢や、電話対応、接客対応などに落とし込んだものがマナーです。
　マナーを身につけ、常にいっしょに仕事をする相手に配慮して社会人として行動することを心がけていくと、その積み重ねがやがて信頼になります。

# さりげない気づかいが あなたの仕事力を高めてくれる

### 小さな気づかいの積み重ねが大きな信頼を育てる

　あらゆる年代や立場の人とコミュニケーションを取るビジネスの場では、日常生活以上に気づかいが求められ、周囲への配慮ができない人間は社会的に認められません。

　常に忘れてはならないのが、相手があってこそのコミュニケーションであり、仕事であるということ。必要に応じてメモを取り、不明点を確認する、あいまいな発言をしない、自分の不手際で相手に迷惑をかけたら心から反省し、真摯な姿勢で謝るなど、さまざまな局面で、相手を尊重した対応を心がけましょう。言葉づかいを丁寧にするだけでは、誠意は伝わりません。相手の立場になって考え、相手を気づかう言葉をかけたり、親身になって丁寧な態度で接したりすることで、取引先やお客様からの信頼を得ることができます。

## 気づかいをかたちに変える5つのコツ

気づかいの心

---
**コツ❶**
相手にとって感じのいい
身だしなみを心がける

---
**コツ❷**
自分からあいさつをして
オープンな関係を築く

---
**コツ❸**
正しい立ち居振る舞いで
思いやりを伝える

---
**コツ❹**
聞き手の身になって言葉を選ぶ

---
**コツ❺**
'聞く力'を磨いて
相手の気持ちをくみとる

▼

**仕事力＆信頼度UP！**

## コツ❶ 相手にとって感じのいい身だしなみを心がける

**最初の5秒で人のイメージは固まる**

初対面のときに、まず目が行くのが身だしなみ。最初に悪い印象を与えてしまうと、今後の信頼関係を築きにくくなります。円滑なコミュニケーションを取る準備段階とも言えるので、清潔感のあるさわやかな着こなしを心がけましょう。自分の好みではなく、相手が受ける印象を第一に考えることが大切です。

## コツ❷ 自分からあいさつをしてオープンな関係を築く

**あいさつは気づかいの第一歩**

あいさつは人と人をつなぐコミュニケーションであり、あいさつからおつきあいが始まります。相手の目を見て笑顔であいさつができる人は雰囲気を明るくしますが、あいさつができないと社会的な常識がない人と見られてしまいます。心を開いて自分から声をかけ、風通しのよいオープンな関係を築くことを心がけましょう。

# コツ❸ 正しい立ち居振る舞いで思いやりを伝える

## 姿勢がいいと頼もしく見える

日頃の歩く姿や立つ姿勢が美しい人を見ると、すがすがしい気分になるだけでなく、社会人として信頼できる印象を受けます。逆に、だらしない気持ちはどこか振る舞いにも現れ、不安な印象を周囲に与えるもの。気持ちを引き締めて、常に折り目正しく美しい振る舞いができるよう心がけましょう。

# コツ❹ 聞き手の身になって言葉を選ぶ

## 正しい言葉づかいは強力なビジネスツール

正しい言葉づかいで話すためには、そのときの状況にふさわしい表現を選ぶことが大切。相手の立場やその場の状況を気づかう力は、そのまま仕事の能力につながっています。敬語をはじめとする正しい言葉づかいは、慣れないうちは難しいものです。日々努力して正しい言葉づかいで話せるようになりましょう。

# コツ❺ '聞く力'を磨いて相手の気持ちをくみとる

## コミュニケーションが取れると仕事が円滑に進む

　コミュニケーションを深めるために一番必要なのが、人の話をよく聞くことです。相手の言葉によく耳を傾け、会話の流れに注意しながら、自分の意見を簡潔に言えるようにします。そうすれば双方向の関係性が生まれ建設的に話を進められるようになるのです。

　気づかいの心は、職場の秩序を保ち、働きやすい環境を作ります。一人ひとりの気づかいは小さくても、自分の都合だけで仕事をしている人たちと、お互いの仕事に配慮し合う人たちでは、組織としてどちらがより高いパフォーマンスを発揮できるでしょうか？　気づかいの心は、同僚、上司、取引先を超えて顧客に届くもの。そして、企業にとってもっとも大切な人からの信用・信頼へとつながっています。

# 第1章
# 知っておきたい
# 基本の気づかいとマナー

- ☑ 場の雰囲気を明るくするあいさつの気づかい
- ☑ 気持ちが伝わる話し方の気づかい
- ☑ 誠意を伝える聞き方の気づかい
- ☑ やりとりを心がける会話の気づかい
- ☑ スムーズに進む会話力アップのコツ
- ☑ 好印象を与える気品のある立ち方
- ☑ さまざまな場面での美しいしぐさ
- ☑ 状況に合わせた正しいおじぎ
- ☑ オフィスファッションの基本マナー
- ☑ オフィスファッションのバリエーション
- ☑ 制服・ユニフォームの正しい着こなし
- ☑ ビジネスグッズの気づかい
- ☑ メイクアップの気づかい
- ☑ ヘアスタイルの気づかい
- ☑ アクセサリーの気づかい

## CASE 01 場の雰囲気を明るくする あいさつの気づかい

### あいさつを習慣化しましょう

　あいさつは、ビジネスだけでなく人間関係の基本。気持ちよく仕事をしていくための気づかいの第一歩でもあります。気持ちのよいあいさつの習慣は、場の雰囲気を明るくします。出社したときや帰るときはもちろん、外出から戻ったときなども積極的にあいさつする習慣を身につけましょう。特に若手社員は人からのあいさつに応じるだけでなく、率先して声をかける心構えを。

### あいさつの基本3か条

**1 あいさつを習慣にする**
あいさつは気づかいある人間関係の第一歩

**2 いつも笑顔で**
あいさつは職場の雰囲気を明るくしてくれる

**3 積極的に声をかける**
声をかけられるのを待つのではなく、
自分から声をかける

### 気持ちのよいあいさつのポイント

#### 明るくハッキリとした声で
聞き取りにくい小声ではせっかくのあいさつの印象も半減。堂々とした態度で歯切れよく。

#### 日々気持ちを新たに
慣れてくるとぼそぼそとした小声のあいさつになりがち。惰性で行わず、毎日しっかり行う。

#### 人と会ったらいつでも
あいさつは朝と帰り2回だけのものではないのです。社員以外の顔見知りにも声をかけると◎。

おはようございます

おつかれさまでした

行ってまいります

ただいま戻りました

**NG ✕**
・他の作業をしながらのあいさつ
・誰にあいさつしているのかあいまい
・「どうも」を多用する

### 気づかいのコツ
電話中など相手があいさつを返せないときは、軽く会釈をして、電話の相手に聞こえないように小声であいさつするとよいでしょう。

# CASE 02 気持ちが伝わる話し方の気づかい

## 相手としっかり向かい合う

　まず話すときの態度を正し、相手とコミュニケーションをとる姿勢を示すことは最低限の礼儀です。ビジネスシーンでは、難しい内容の相談や言いにくい話をしなければならない場合もあります。態度がよくないと、話の内容以前にネガティブな印象を持たれかねません。話す内容は、相手にわかりやすいよう簡潔に、短くまとめるのが原則です。込み入った内容のときは、あらかじめ要点をまとめておきましょう。

### 話し方の基本3か条

**1. 声と表情に気を配り、姿勢は正す**
態度で「コミュニケーションをとりたい」というメッセージを示す

**2. なごやかにコミュニケーションする**
相手の立場や状況を配慮した言葉づかいで

**3. 情報を正確に伝える**
ばくぜんと話さず、必要な情報を正確な表現で伝えることを心がける

## 好印象を与える話し方のポイント

**目線**
目線は通常相手の眉間に置く。大切なことを言うときは目を見て。

**声**
普段よりやや高い声で。声量は距離によって適度に変える。

**表情**
自然な笑顔を保って。

**口角**
口角は上げ気味に。口の周りの筋肉が動きにくい人は普段から訓練を。

**態度**
だらしない姿勢は相手に不信感を与える。正しい姿勢を保って。

### 気づかいのコツ

気持ちの込もっていないマニュアル的な話し方はNG。「誰か」ではなく、「目の前のあなた」に向かって話す心構えを忘れずに。

# CASE 03 誠意を伝える聞き方の気づかい

## 受け入れる姿勢で場をなごやかに

　良好なコミュニケーションを築くうえで、聞く気づかいは話す気づかい以上に重要な要素です。話すときと同様に、「あなたの話をしっかり聞いています」ということを態度や表情、声で相手に示し、さらにあいづちやジェスチャーでリアクションを取りながら聞きましょう。自分の話が真剣に受け取られているという感覚は、話し手をリラックスさせ、コミュニケーションを円滑にしてくれます。

## 聞き方3か条

### ▶1 聞いていることを態度で示す
「あなたの話をしっかり聞いています」という明確なメッセージを出す

### ▶2 肯定的な姿勢で聞く
疑問や反論は後回しにして、まずは話を聞く

### ▶3 相手の話にリアクションする
あいづち、ジェスチャーなどで反応を示す

## 好印象を与える聞き方のポイント

**目線**
通常は相手の眉間に。ときどきアイコンタクトを取る。

**あいづち**
相手の呼吸に合わせた間隔でタイミングよくあいづちを打つ。

**態度**
話の腰を折ったりせずに最後まで聞く。

**質問**
的確な質問には相手をさらに話しやすくする効果がある。

**表情**
話の内容に合わせて。オーバーになり過ぎないように注意。

### 気づかいのコツ

自分の話にまったく反応がないと話しにくいもの。アイコンタクト、あいづち、質問、ジェスチャーを上手に使って相手の話に反応しましょう。

# CASE 04 やりとりを心がける会話の気づかい

## 「聞く」をベースにテンポを重視して

　会話は「話す」ことと「聞く」ことでなりたっています。ビジネスの会話では、「聞く」ことを第一にしましょう。話し上手と言われる人は、実は相手の話をよく聞いています。表現の巧みさだけではなく、言葉のやりとりがテンポよく進むことによって、会話がスムーズに行われているという印象を受けるのです。会話が苦手だと思っている人は、上手に話すことより上手に聞くことを心がけるとよいでしょう。

## 会話の３か条

### ▶1 会話はキャッチボール
相手の投げる球を受けて、捕りやすいところに投げ返すのが会話

### ▶2 テンポよく言葉のやりとりを
相手の話をしっかり聞くことが、スムーズな会話につながる

### ▶3 「会話が苦手」は勘違い
話すのが苦手でも、聞き方を練習すれば会話上手に

## 好印象を与える会話のポイント

話をさえぎらない

ポジティブに聞く

ささいな間違いやミスをとがめない

共感、驚き、笑いなど話に合ったリアクションを返す

## 自分と相手の「話す」バランス

●相談にのる

自分 10%
相手 90%

相談する人は、話しながら考えや気持ちをかたちにしている場合が多い。聞き役に徹し、時折的確な質問をはさみたい。

●相談する

相手 40%
自分 60%

まず相談する内容を説明する必要があるので、話す量が増える。なるべく簡潔に話したあとは、アドバイスをしっかり聞く。

●説明を求められたとき

相手 30%
自分 70%

一方的に細部の説明をすると話が混乱しやすい。まずおおまかに要点を説明し、その後相手の質問に詳しく答えていくようにする。

### 気づかいのコツ

会話は「話す」と「聞く」を交互に行うコミュニケーション。特に上手に話せなくても、「話す」と「聞く」の流れがスムーズなら相手も気分を害しません。

# CASE 05 スムーズに進む会話力アップのコツ

## 会話の目的を見失わない

　語彙力が豊富で流暢に話す人や、論理的で議論に強い人が「話がうまい」と思われがちですが、ビジネスシーンで求められる会話力はこうした能力とは少し違っています。ほとんどの場合、会話は議論ではありません。クレームなどの難しい交渉でさえ、お互いの意見を確認し合い、合意点を発見するための共同作業です。たとえ相手の発言がはっきり間違っている場合でも、気づかいを持った丁寧な対応が基本です。

## 会話力アップの3か条

### 1 会話は議論ではない
ほとんどの場合「勝つ」ことに意味はない。相手の話の中で共感できるところを探すこと

### 2 わかりやすく話す
「流暢に話す」＝「会話がうまい」ではない。わかりやすければ十分

### 3 軌道修正能力を磨く
話が横道にそれたときに、的確な質問で軌道を修正したい

## 印象をさらにアップするポイント

### 話すときは簡潔に
「えーっと」などのムダな言葉は基本使わないようにする。

### 丁寧に話す
目下相手でも敬語が基本。カジュアルな話し方が許される場でもなるべく丁寧に。

話が弾んでるなー

### 肯定的な姿勢で
ネガティブな発言はたとえ正しくても場を萎縮させる。活発に意見交換できるよう、肯定的な姿勢で。

### 質問は具体的に
ばくぜんとした質問は、話を横道にそらす恐れがある。相手が答えやすいように具体的に質問すれば会話が自然に。

### 語彙を増やす
語彙が少ないと表現のバリエーションが同じになりやすい。

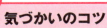

### 気づかいのコツ
相手が話しているときに自分が話し出すと、話が混乱してしまいます。「聞く」時間と「話す」時間をしっかり分けることでスムーズに会話を進めることができます。

## CASE 06 好印象を与える気品のある立ち方

### 余分な力を抜いて上体をまっすぐに

　品のある立ち居振る舞いは言葉以上に説得力があり、相手によい印象を与えるもの。美しい立ち方は、すべての立ち居振る舞いの基本になります。余計な力を抜き、腹筋と背筋を意識して体の軸をすっきりと立てれば、仕事への集中力も上がります。疲れていると知らず知らずのうちに猫背気味になってしまい、印象が悪くなるだけでなく、腰痛や肩こりの原因にもなるので注意しましょう。

### 美しい立ち方3か条

▶ 1 「立ち方」は立ち居振る舞いの基本
美しい立ち姿は見る人に好印象を与える

▶ 2 腹筋と背筋を使う
腹筋と背筋を意識して上体をまっすぐにする

▶ 3 正しい立ち方は健康と集中力を向上させる
正しい立ち方は健康を維持し、仕事の集中力をアップさせる

## 背筋の伸びた美しい立ち方のポイント

正面

**肩**
力を抜いて、左右を水平に。

**手**
女性は左手を上にして正面で重ねる。

**ひざ**
すき間をつくらずくっつける。

**つま先**
女性は約15度開く。

横

**全体**
頭のてっぺんから足の裏まで一直線を意識。

**あご**
軽く引く。

**胸**
張る。力は入れない。

**おなか**
突き出さず、腹筋と背筋に力を入れる。

### ❤ 気づかいのコツ

安定した立ち方は、見ている人にも安心感を与えます。背筋を伸ばすときも気を張らずリラックスし、すっきり軽やかな印象を出すことを心がけましょう。

# CASE 07 さまざまな場面での美しいしぐさ

## 一つひとつの動作を丁寧に行う

　美しい立ち居振る舞いのコツは、一つひとつの動作を省かず、丁寧に行うことです。立ち方や歩き方が美しい人は、背筋を伸ばす、両手でものを持つ、ものを拾うときに腰を落とすといった動作の位置が自然と決まっていて、中途半端な姿勢になることがありません。まずは基本動作を覚えて、日々意識を高めていきたいもの。バレエや日本舞踊、茶道や華道などの習い事を始めるのもよいでしょう。

## 美しいしぐさ3か条

### 1 見られていることを意識する
何気ない振る舞いでも、必ず人目にとまっていると心得る

### 2 基本動作を丁寧に
中途半端な動作は見苦しい印象を与える。面倒がって省かないこと

### 3 全身で動くのが基本
手、足、首などパーツだけの動きはぞんざいな印象を与える

## スマートな印象を与えるしぐさのポイント

### 歩く

**Good**
背筋を伸ばして視線を前に送り、おなかにほどよく力を入れて歩く。

**Bad**
猫背
怒り肩

### 振り向く

**Good**
顔だけを向けず、振り向く方の足を一歩引き体ごと振り向く。

**Bad**

### ものを渡す

**Good** **Bad**

ものの受け渡しは両手でが基本。片手で持てる小さなものでも両手を添える。

### ものを拾う

**Good** **Bad**

いったんものの近くに腰を落として拾う。腰を曲げて手だけで拾うのはNG。

### 気づかいのコツ

ハイヒールで歩くときは、つま先とかかとが同時に着地するような感覚で、普段より小さい歩幅で歩くようにするとエレガントに見えます。

# CASE 08 状況に合わせた正しいおじぎ

## 3種類のおじぎを使い分ける

3種類のおじぎ「軽いおじぎ（会釈）」「一般的なおじぎ（敬礼）」「丁寧なおじぎ（最敬礼）」は、それぞれ表す敬意の違いがあり、立場や状況によって使い分ける必要があります。また、落ち着きなくあいさつしながらおじぎをすることは避け、言葉とおじぎを分ける「分離礼」を心がけます。役職の高い人にはおじぎの正しい知識を持っている人が多いので、敬意を欠くことがないよう注意しましょう。

## おじぎの3か条

### 1. 3つの種類を使い分ける
おじぎには「会釈」「敬礼」「最敬礼」の3種類がある

### 2. おじぎの前後で相手の目を見る
おじぎをする前と後に、しっかりと相手の目を見る

### 3. 分離礼を心がける
言葉のあとにおじぎを行う「分離礼」は相手により敬意が伝わる

## 3種類のおじぎ

### 一般的なおじぎ（敬礼）

来客のお迎えや見送りのときのおじぎ。

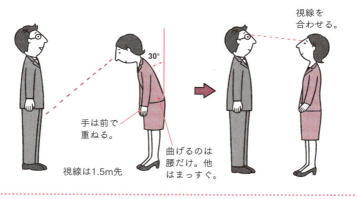

視線を合わせる。

30°

手は前で重ねる。

曲げるのは腰だけ。他はまっすぐ。

視線は1.5m先

### 軽いおじぎ（会釈）

15°

朝夕のあいさつなど、おもに社内の人に対して使うおじぎ。

視線は2.5m先

### 丁寧なおじぎ（最敬礼）

45°

お礼を言うときや謝罪のときに使うもっとも丁寧なおじぎ。

視線は0.8m先

### 気づかいのコツ

あいさつと同時におじぎをすると、あわただしい感じになるので注意。あいさつをしてからおじぎをすると、きちんとした印象を与えられます。

# CASE 09 オフィスファッションの基本マナー

## ベーシックなファッションが原則

　オフィスはビジネスの場。したがって、清潔感と安心感を与えるベーシックなファッションが原則です。自分の都合や個性よりも、接する人にとって感じのよい身だしなみであることを第一に考えます。たとえば、暑いからといってキャミソールで仕事をすると、誰かに不快感を与えるかもしれません。一人でも不快感を感じる人がいるなら、自分の基準より優先するのが基本的な考え方です。

### オフィスファッションの基本3か条

**1 社会人としての安心感が最優先**
自分の好みよりも相手から見た印象を考えて、ベーシックな装いを

**2 清潔感はおしゃれに勝る**
清潔感は第一印象をアップしてくれる

**3 自分の基準で判断しない**
仕事の内容に応じた機能的な服装が基本

## オフィスファッションの基本

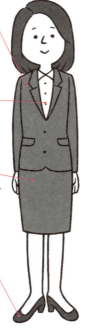

### ジャケット
紺、黒、ベージュなどが無難。体のラインが強調されすぎるものはNG。

### トップス
派手なレースなどがついているものは避ける。

### ボトムス
椅子に座ったとき、ひざが隠れる長さを基準に。シワに注意。

### 靴
落ち着いた色のパンプスが基本。ヒールが高すぎるものは避ける。

### ジャケット
シミ、シワ、汚れがないか、ボタンが取れそうになっていないかを確認。

### シャツ
白やグレー系で。襟の汚れに注意。

### ネクタイ
派手な柄や色は避ける。結び目が曲がっていたり、ゆがんでいたりしないかをチェック。

### パンツ
折り目が入っているか、裾がだぶついていないかをチェック。

### 靴
見る人が多いところ。汚れやかかとの減りを細かく確認したい。

 **気づかいのコツ**

接する人に不快感を与えないよう、オフィスファッションは社会人らしい折り目正しさを優先します。会社のイメージにもつながるので、不要なアレンジは避けましょう。

CASE 10

# オフィスファッションの バリエーション

## 相手に安心感を与えるファッションを選びましょう

　オフィスで許容されるファッションの範囲は、職種や業態によってかなりの違いがあります。といっても、制服やスーツ以外での出勤が許されている職場でも、おのずから定まった基準があるもの。まずは先輩の服装を参考にして、会社や業界のルールに合わせるのが無難です。自分の好みよりも接する人に対する安心感と清潔感、そして動きやすさを優先するのは、スーツファッションの基準と同様です。

## オフィスファッションのバリエーション3か条

### 1 許容範囲を確認する
それぞれの職種や業態で許される範囲には違いがある

### 2 先輩の服装を参考にする
先輩を基準にして徐々に会社の雰囲気に合わせていく

### 3 動きやすさを重視
仕事の内容に合わせた働きやすい服装を

## オフィスファッションの例

**営業系**
顧客の信用が第一。ファッション性に偏りすぎないきっちりした印象を与えるスーツを。

**一般事務系**
デスクワークが多い一般事務系は、長時間座っていてもシワになりにくい素材や動きやすいサイズのものを。

**クリエイティブ系**
スカーフなどの小物は許容される場合がある。趣味に走りすぎてだらしなく見えないように注意。

### 気づかいのコツ

若手のうちは、高価すぎるブランドものは避けた方が無難。身の丈に合っていないと思われてしまう服装は、どれだけ似合っていてもNGです。

# CASE 11 制服・ユニフォームの正しい着こなし

### ノーアレンジの着こなしが基本

制服やユニフォームの着こなしは、余計なアレンジを加えないのが最大のポイントです。制服やユニフォームには、企業のイメージづくりや社員同士の連帯感を高めるという会社ごとの意図があります。ストッキングの色やヒールの高さなど細かな規定がある場合、きっちりと守って着こなしましょう。規定からはずれた着方は悪目立ちするだけです。着こなしが同じ分、汚れやシワがあると目立つので、こまめにケアをしましょう。

## 制服・ユニフォームの着こなし3か条

### 1 細かい規定を守る
規定からはずれた着こなしはプラスなし

### 2 清潔感を保つ
同じ服装だと、ケアの差が出やすい

### 3 シンプルに着こなす
会社の意図に沿って、アレンジを加えずに

## 制服・ユニフォームの着こなし

### 夏服

**ブラウス**
シミ、シワは厳禁。こまめな手入れで清潔感を保つ。

**スカート**
長すぎず、短すぎず、規定の範囲内で。

**ストッキング**
規定がない場合はベージュ系のストッキングが無難。

### 冬服

**制服**
大きすぎてもだらしない印象に。体のラインが出過ぎないサイズを選ぶ。

**ネームプレート**
制服・ユニフォームの場合、ネームプレートの傾きは目立ちやすい。

**靴**
規定がない場合は黒系のパンプスが合わせやすい。

### ♥ 気づかいのコツ

制服・ユニフォームは業務に合わせてデザインされているので、規定どおりに着こなすのがもっとも仕事をしやすく適切。

## CASE 12 ビジネスグッズの気づかい

### 必須のグッズは実用本位で選ぶ

仕事に必須のビジネスグッズは、使いやすさを優先し、長期間の使用に耐える実用的なものを選びましょう。目につきやすいバッグや時計はもちろん、財布なども意外に見られているので、派手な印象を与えるブランドものなどは避けたほうが無難です。使いすぎてよれよれになっているのも印象がよくありません。必須ではありませんが、予備のハンカチや救急用品などを会社に置いておくと役に立つことがあります。

## ビジネスグッズの3か条

**1 実用性重視**
繰り返し長期間の使用に耐える製品を選ぶ

**2 派手なものを避ける**
立場にふさわしい質実な製品を選ぶ

**3 古くなったら取り替える**
人に見られても見苦しくない範囲で取り替える

## 必須のビジネスグッズ

### 時計
外出先でスマートフォンや携帯電話を時計代わりに使うのはNG。

### バッグ
必要なサイズの書類が入り、外出先で床に置いたときに立つもの。

### 名刺
上に名刺を置いたときにすべらない素材がベター。

### 手帳
派手すぎなければ、仕事内容に合ったものでOK。

### 財布
革製の長財布が無難。ブランドものや趣味性の強いものは避ける。

### 筆記用具
最低限1本は持っていたい。本数が多い場合はペンケースを。

### ハンカチ
人前で使う場合を考えて、1枚予備があるとよい。

### ポーチ
用途に合わせたサイズのもの。人目につかなければ好みで選んでOK。

### その他あると便利なビジネスグッズ

- ポケットティッシュ
- 救急用品
- ソーイングセット
- 折りたたみ傘
- 歯磨きセット
- 予備のストッキング
- 替えのシャツ
- 制汗スプレー
- ヘアゴム
- 上に羽織るもの

### 気づかいのコツ
基本的には服装に合わせた基準で選びます。趣味性の高い時計や財布を使いたい場合、ビジネスとプライベートで使うものを分けましょう。

# CASE 13 メイクアップの気づかい

## 職場ではナチュラルメイクが基本

社会人にとって、メイクをすることは身だしなみのひとつ。極端に派手なメイクや、逆にすっぴんで仕事に臨むのは、ドレスを着て職場に行ったり服を着ないで仕事をするのに等しい常識のない振る舞いです。あくまでも自然なメイクアップにとどめ、健康的な表情と笑顔を引き立てます。きちんとした印象を与えられるよう、自分の肌の色に合った化粧品を使ってナチュラルに仕上げることを心がけましょう。

## メイクアップの3か条

**1 ナチュラルに仕上げる**
自分の肌の色に合った化粧品を使う

**2 顔のパーツの特徴に合わせる**
目元など、特定のパーツを強調しすぎないこと

**3 すっぴんもNG**
最低限のメイクは服装同様身だしなみの
基本マナー

## 好印象を与えるメイクアップのコツ

### ナチュラルメイクが基本
ビジネスシーンではポイントを押さえたナチュラルメイクが基本。顔のパーツの特徴をとらえて控えめに。

### 素肌の美しさをキープする
素肌が荒れていると、どうしてもメイクが濃くなりがちに。美肌づくりは日頃のスキンケアから。

### 表情を豊かに
メイク映えする豊かな表情をつくるため、表情筋を動かす訓練やマッサージなど、普段からケアを。

**眉**
自然なアーチを描くように基本ラインからはみ出した部分を整える。

**アイメイク**
強調しがちなパーツなので、濃くなりすぎないよう注意。つけまつげはNG。

**ファンデーション**
厚塗りにならないように注意。

**チーク**
頬骨の一番高い部分に薄めにのせてぼかす。

### 気づかいのコツ
化粧ののりは土台となる素肌次第。十分な睡眠、バランスのよい食事、紫外線対策は美肌キープの3大原則。日々の積み重ねが大きな差になります。

# CASE 14 ヘアスタイルの気づかい

## 機能性と清潔感を重視

　ビジネスシーンでは業務の邪魔にならない機能的なヘアスタイルが原則です。長い髪は、派手すぎないヘアアクセサリーを使って、きっちりとまとめておくこと。髪は第一印象を決める大きな要因になります。女性の場合は特に目につきやすい部分なので、わずかな傷みや後れ毛などでも印象に残ってしまいがちなことを記憶しておきましょう。だらしない印象を与えないよう、こまめにチェックします。

## ヘアスタイルの3か条

**1 髪は第一印象の重要ポイント**
整った髪はきっちりした印象を与える

**2 ヘアアクセサリーで髪をまとめる**
女性らしさを保ちながらすっきりとまとめる

**3 日頃のケアを丁寧に**
髪自体の美しさはヘアスタイルの印象に影響大

## 邪魔にならないヘアアレンジ

### ロング

耳の高さでひとつにまとめ、毛束をねじってゴムで結んでヘアピンで留める。

### セミロング

まとめにくい長さの髪は、シュシュを使ってすっきりと。派手な柄は避ける。

### ショート

ワックスをなじませ、サイドを後ろに流してピンで留める。

### ヘアスタイルのNG

- カラーリングが濃すぎる
- 前髪が目にかかる
- くしがとおっていない部分がある
- ヘアアクセサリーが派手すぎる
- 髪が荒れてパサパサしている

### ♥ 気づかいのコツ

カラーが退色した髪は、だらしない印象を与えてしまいます。ちょっとした退色でも意外に目立つので、こまめにカラーとトリートメントをしましょう。

## CASE 15 アクセサリーの気づかい

### 許容範囲内でおしゃれを楽しみましょう

　指輪、ネックレスなどのアクセサリーの規定は、業態や会社ごとにかなりの違いがあります。規定に従って、容認される範囲内でアクセサリーを楽しみましょう。アクセサリー類やスカーフなどの小物を上手に使うと、女性らしいやわらかな印象を与えることができますし、接待などの席ではある程度の装いが求められることもあります。接客の場合は、お客様より高価なものを身につけるのはNGです。

---

## アクセサリーの3か条

**1　会社の規定に従う**
着用・使用が認められているものだけを控えめに着用する

**2　清潔感を損なわないものを選ぶ**
服装の基準に準じて、華美な印象を与えないように

**3　装飾性が高すぎるものはNG**
派手すぎるものや過度に高価なものは避ける

## アクセサリーの許容範囲

**高 ← 許容範囲 → 低**

**指輪**
ストーンがついていない細めのシンプルなもの。

**ネックレス**
チェーンが細く、ヘッドがついていないか小ぶりでシンプルなもの。

**ピアス**
小ぶりでシンプルなもの。

**スカーフ**
長すぎるもの、派手な色や柄物はNG。

**ミュール**
ミュールやサンダルは基本的にNG。

**ネイル**
ピンクやベージュなど肌の色に近いもので、1色塗りかフレンチにとどめる。

**香水**
仕事中にはつけないのが原則。

### 気づかいのコツ

ネイルが許容されていなくても、指先は接客などで人目につきやすいところです。手入れの行き届いた指先で好感度をアップしましょう。

# *Column*
# 知っておきたい！敬語の基本

**敬語は「言葉の気づかい」です**

　ビジネスシーンではさまざまな年代、業種、職種の人とコミュニケーションをとる機会があるため、社会人にとって正しい敬語は必須の知識です。敬語の使い方ひとつで相手に信頼感を持ってもらえることもあれば、不快な思いをさせてしまうこともあります。取引先からも上司や同僚からも信頼感を持たれる社会人になるために、正しい敬語を身につける努力をしましょう。

**横並び**
立場の上げ下げではなく、丁寧な表現にして相手に対する敬意を表す敬語。

**相手を上げる**
立場が上の人の行為や状態に対して、相手を高めることで尊敬の念を表す敬語。

**自分を下げる**
自分の行為などをへりくだり、相手に対し一歩下がることで尊敬の念を表す敬語。

# 敬語でよく使う12の頻出表現

| 基本形 | 丁寧語 | 尊敬語 | 謙譲語 |
|---|---|---|---|
| 会う | 会います | お会いになる<br>会われる | お目にかかる |
| 言う | 言います | おっしゃる | 申し上げる |
| 行く | 行きます | いらっしゃる | 参る<br>伺う |
| いる | います | いらっしゃる | おる |
| 帰る | 帰ります | お帰りになる | おいとまする<br>失礼する |
| 聞く | 聞きます | お聞きになる | 伺う<br>拝聴する |
| 来る | 来ます | お越しになる | 参る |
| する | します | なさる<br>される | いたす<br>させていただく |
| 尋ねる | 尋ねます | お尋ねになる<br>お聞きになる | 伺う<br>お尋ねする |
| 食べる | 食べます | 召し上がる<br>お食べになる | 頂戴する<br>いただく |
| 読む | 読みます | お読みになる | 拝読する |
| わかる | わかります | おわかりになる | 承知する<br>かしこまる |

よく使う言葉からマスターしよう！

# 知らないと恥をかく人の呼び方

## 「○○部長様」ではなく「○○部長」

　部長や課長などの役職名にはもともと敬称の意味が含まれているので、「○○部長様」ではなく「○○部長」と呼びます。多くの会社では経営陣をトップとしたピラミッド構造が採用されていますが、最近ではプロジェクトごとにリーダーを選出する会社なども増えてきているようです。また、外資系の企業などの役職名は聞いただけではわかりにくいものがあるので、事前に確かめて失礼にならないようにする気づかいが必要です。

**自分の会社**　　　　　　　　　　　　　　　　　**他社**

上司　　　　　　　　　　　　　　　　　　　　　役職者

　「○○部長」「○○課長」　　「部長の○○様」「課長の○○様」　

先輩・同僚・後輩　　　　　　　　　　　　　　　一般社員

　「○○さん」　　　　　　　　　「○○様」　

### ● よく使う呼称

| 社内の人を | 他社の人を |
|---|---|
| 上司 | ご上司 |
| 担当 | ご担当 |
| 同行の者 | お連れ様 |
| 弊社・私ども | 御社・貴社 |

# 第2章
# 好印象を与える
# あいさつの気づかい

☑ 社内でのあいさつ
☑ 社内での来客対応
☑ 接客の基本対応
☑ 社外でのあいさつ
☑ 名刺交換のマナー

# CASE 01 社内でのあいさつ

## あいさつで心を開く！

　あいさつは、人と人との関係のはじまりです。あいさつの仕方によって、人間関係はよくも悪くもなります。相手のあいさつを待たずに、自分から先に声をかけることを心がけましょう。毎日顔を合わせる職場の人たちとのあいさつを大切にすることで、社内の雰囲気がよくなり、誰もが心地よく仕事ができるようになります。相手がどういう状況にあるかを気づかいながら、慣れでばくぜんとしたあいさつにならないよう、笑顔で声をかけましょう。

## ＊気づかいのポイント

- ☑ **待つのではなく自分から進んであいさつする**
- ☑ **笑顔で明るく声をかける**
- ☑ **事務的にならないよう、最初か最後に一言添える**
- ☑ **名前を入れてあいさつする**
- ☑ **同姓の人がいることもあるため、自己紹介はフルネームで**

■ 上司や先輩に自己紹介する

◎ ○○と申します。
どうぞよろしくお願いいたします。

**Point!** 今後毎日顔を合わせ、一緒に働く人たちです。第一印象で不快感を与えないよう、笑顔でフルネームを名乗りましょう。「ご指導のほどよろしくお願いいたします」と言葉を添えると、意欲が伝わります。

■ 朝のあいさつ

◎ ○○さん、おはようございます。

**Point!** 名前を入れるだけで、言われた相手は自分のことを気づかってくれていると感じ、距離が縮まります。「今日は寒いですね」「昨日は遅くまでおつかれさまでした」などと一言添えると、心の込もったあいさつに。

■ 帰りのあいさつ

◎ お先に失礼します。

✘NG! おつかれさまでした。

**Point!** 「おつかれさまでした」は、仕事を終えた相手に対する言葉です。自分の仕事が終わっても相手がまだ仕事をしている場合は、なにか手伝えることがないか、帰る前に確認しましょう。

■ 外出する人へのあいさつ

◎ 行ってらっしゃい(ませ)。

**Point!** 気持ちよく出かけてもらえるよう、相手から「行ってきます」という言葉がなくても自分から声をかけましょう。目上の人には、最後に「ませ」をつけると、より丁寧なあいさつになります。

■ 帰社した人へのあいさつ

## ◎ おつかれさまでした。

**✗NG!** ごくろうさまでした。

**Point!** 「ごくろうさま」は、目上の人が目下の人をねぎらう言葉で、上司や先輩に対して使うと失礼にあたります。目下の人に言う場合も、「おつかれさま（でした）」の方が、やわらかい印象になります。

■ 外出するときのあいさつ

## ◎ 行ってまいります。

**Point!** 「行ってきます」より丁寧な表現です。ボードなどに予定を記入するだけでなく、「戻りは〇時ごろになります」などと今後の予定をしっかり伝え、留守をお願いしましょう。

■ 会社に戻ったときのあいさつ

## ◎ ただいま戻りました。

**Point!** 黙って自分の席に戻らずに、帰ってきたときもあいさつしましょう。まわりに聞こえる声で言えば、相手の方から確認しなくても、自分が帰ってきたと知らせることができます。

行ってまいります！

明るくハッキリした声で周りに知らせましょう。

■ 仕事中に社内の人にあいさつされたとき

◎ **おつかれさまです。**

Point! 自分が声をかける前に相手からあいさつがあった場合は、相手の方をしっかり向いてあいさつしましょう。なにか作業中であれば、ながらあいさつにならないよう、一度手を止めます。

■ 社内で取引先の人に会ったとき

◎ **○○様、こんにちは。いつもお世話になっております。**

Point! 取引先の人に偶然会ったら、相手が気づいていなくても名前を呼んで声をかけましょう。相手が電話中だったり忙しそうにしていたりする場合は、無理に声をかけず軽く会釈します。

## 明るい笑顔をつくるコツ

**眉**
ここが動かないと表情が固定して見えやすい。上げ下げできるようにしたい。

**目**
微妙な動きで大きく感情を伝えられるところ。眼球をぐるぐる動かして鍛える。

**口角**
笑顔をつくるポイントになる筋肉を、上に引き上げて鍛える。

＊気づかいのコツ
顔の筋肉をほんの少し動かすだけで、笑顔の印象がガラリと変わるもの。日頃から練習して自然な笑顔をつくれるようにしたい。

# CASE 02 社内での来客対応

### 来ていただいたことに感謝を！

　訪問する人にとっては、最初に出会う受付の対応や社員の雰囲気は、会社のイメージにかなり大きく影響します。初めて会社や店舗を訪れるときは何かと勝手がわからないものなので、取次ぎを必要としている人を見かけたら、自分から声をかけましょう。

　来客の予定があるときは、相手を待たせないように約束の時間より前に準備を終わらせて、余裕を持ってお客様を迎えられるようにしましょう。

## ＊気づかいのポイント

- ☑ 来客に感謝の気持ちを持つ
- ☑ 笑顔で対応する
- ☑ 「いらっしゃいませ」という言葉で、自分が社員であることを伝える
- ☑ 相手を待たせないよう、来客の準備は早めに
- ☑ 天候による足元の悪さを気づかう
- ☑ お見送りも忘れずに

■ 会社で来客を迎える

◎ **いらっしゃいませ。**

✗NG! こんにちは。

**Point!** 自分には慣れた職場でも、訪問者にはわかりづらいもの。取次ぎを必要としている訪問者を見かけたら、率先して声をかけましょう。「いらっしゃいませ」という言葉で社内の人間であることを伝えます。

■ 訪問相手をたずねる

◎ **どの者をお呼びいたしましょうか。**

**Point!** 相手が用件を言うのを待つのではなく、自分から進んで声をかけて取次ぎましょう。丁寧な言葉と明るい笑顔で接することにより、相手も安心して用件を伝えることができます。

■ 自分で部屋に案内する

◎ **ご案内いたしますので、どうぞこちらへ。**

**Point!** 取次ぎがスムーズだと、打ち合わせを気持ちよくスタートできます。数歩前を歩いて、部屋までご案内しましょう。途中、段差などがある場合は「お足元にお気をつけください」と、先に伝える心配りを。

■ 着席を勧める

◎ **こちらにおかけになって、お待ちください。**

**Point!** 座っていただく席を手で示すより丁寧な対応になり、相手も座りやすくなります。「○○がただいま参りますので、おかけになってお待ちください」と、お待たせしない旨を伝えるのも大切です。

■ 自分への来客を迎える

## お越しいただき、ありがとうございます。

**Point!** まずは相手に、忙しい中、わざわざ来てもらったことへの感謝を示します。「ご足労いただき、ありがとうございます」という表現でもよいでしょう。遠方からのお客様の場合はそれについても一言添えて。

■ 天気の悪い日に来客を迎える

## 雨の中をお越しくださり、ありがとうございます。

**Point!** 悪天候のときは、「お足元の悪い中、申し訳ございません」と言葉をプラスしましょう。ただ声をかけるだけでなく、服が濡れていないか、体が冷えていないかなどにも気づかいを。

■ 来客を待たせてしまったとき

## お待たせして申し訳ございませんでした。

✘NG! お待たせしてすみません。

**Point!** お客様をお待たせしないのが基本ですが、やむを得ず遅れてしまった場合は、「すみません」より丁寧な「申し訳ございません」という表現を使います。相手の正面を向いておじぎし、お詫びします。

■ 会社から来客を見送る

## 本日はお忙しいところ、ありがとうございました。

**Point!** 出口までお見送りし、気持ちを込めて感謝を伝えます。第一印象だけでなく、こうした最後の気づかいも心に残るもの。親しい間柄であれば、「ぜひまたいらしてください」と一声添えても。

## お客様を案内する

### ❶お出迎え
来客に気づいたら、すぐに席を立ち、「いらっしゃいませ」とごあいさつする。

### ❷移動

●廊下
完全に背中を見せないよう、体を斜めにしながら2、3歩前を歩いて案内する。

●階段
階段では段差の注意をうながす。年配の方の場合は特に注意。

### ❸入室
開ける前にドアをノック。「どうぞお入りください」と一言添える。

### ❹エレベーター
エレベーターは、ドアを開けて待ち、先に入っていただく。

### ❺お見送り
玄関先までお送りするのが最も丁寧。エレベーター前で見送るときは、扉が閉じるまでおじぎをする。

> ＊気づかいのコツ
> 歩くスピードや足元の確かさは人それぞれ。必ずお客様のペースに合わせること。

# CASE 03 接客の基本対応

## お客様の立場になる

　開店準備などに追われてせわしなくしていると、ついつい自分中心になってお客様目線を失いがちです。訪れた人が心地よくサービスを利用し、快適に過ごしてもらえるよう、ゆとりをもって笑顔でお迎えしましょう。お客様の要望は千差万別で、近付いて声をかけるのが喜ばれる場合もあれば、適切な距離をとることが希望にかなう場合もあります。お客様が何を求めているのかをさりげなく観察して、相手のタイミングに合わせて声をかけましょう。

## ＊気づかいのポイント

- ☑ **笑顔で歓迎の気持ちを伝える**
- ☑ **初めての方も常連の方も同じく大切に**
- ☑ **お客様に背中を向けない**
- ☑ **相手が何を求めているかを察する**
- ☑ **別の作業中に呼ばれても焦らず対応**
- ☑ **また来たいと思ってもらえるよう心を込めて接客する**

■ お客様を迎える

## ◎ いらっしゃいませ。

✘NG! いらっしゃい。

Point! 事務的にならないよう、アイコンタクトをとってお迎えします。予約されているお客様には「○○様、お待ちしておりました」と一言添えると、好印象に。

■ お客様に声をかける

## ◎ どのようなものをお探しですか。

Point! お客様が求めていることを先に気づけるよう、心配りをしながら声をかけましょう。こちらから一方的に説明するのではなく、お客様が自分の希望を伝えやすいリラックスした雰囲気づくりを心がけて。

■ ゆっくり見てもらうとき

## ◎ どうぞ、ゆっくりとご覧ください。

Point! 一対一の接客を好む人もいれば、一人で静かに見たい人もいます。お客様の希望に合わせ、ゆっくり見ていただくときは、一言声をかけてから適切な距離をとりましょう。

「声をかけてほしい」
「ゆっくり見たい」
サービスはお客様
の様子をよく見て…

■ 席に案内する

## ◎ お席にご案内いたします。どうぞこちらへ。

背を向けると失礼になるので、斜め前を歩いて席に案内します。人数が多いときは、一番後ろの人がついてきているかを確認しましょう。案内後、「失礼します」と一言添えてからその場を離れるとスマートです。

---

■ お客様に呼ばれてすぐに対応できないとき

## ◎ すぐに参りますので、少々お待ちいただけますか。

**✕NG!** ちょっと待ってください。

常に自分の都合ではなく、お客様の都合を第一に考えます。忙しくて手が離せなくても焦らずに冷静に対応し、命令する口調にならないように注意しましょう。

---

■ お待たせしてしまったとき

## ◎ たいへんお待たせいたしました。

わずかな時間でも相手を待たせたらお詫びをします。対応が丁寧でないと、少しの待ち時間でも不満を持たれてしまうもの。長くお待たせした場合は、さらに丁寧に「申し訳ございませんでした」と頭を下げます。

---

■ お客様をお見送りする

## ◎ またのお越しをお待ちしております。

気分のよい見送りは、また来ようというモチベーションにつながります。出口までご案内し、お客様の来訪に感謝しながら、「本日はありがとうございました」と言葉を添えて、心を込めてお見送りをしましょう。

# 「クッション」言葉を上手に使う

## ●クッション言葉とは？

「クッション言葉」は、なにかをお願いしたり断ったりするときに、ストレート過ぎる表現で相手に不快感を与えないよう、本題の前に加える言葉です。上手に使えば、こちらの要求をやわらかく伝えることができます。

- 恐れ入りますが…
- お手数をおかけしますが…
- お時間のあるときに…

### よく使うクッション言葉

■意向をたずねる
- 失礼とは存じますが～
- 差しつかえなければ～
- もしよろしければ～
- たいへん恐縮ですが～
- おたずねしたいことがあるのですが～

■お願いする・相談する
- お手数をおかけしますが～
- 恐れ入りますが～
- ご迷惑をおかけしますが～
- お時間がございましたら～

■断る・辞退する
- 申し訳ございませんが～
- たいへん心苦しいのですが～
- せっかくのご依頼ではございますが～
- お役に立てず申し訳ございませんが～

■反対意見を述べる
- お気持ちはたいへんよくわかりますが～
- おっしゃることはごもっともですが～

**＊気づかいのコツ**
初対面の相手の場合は必須の心づかい。つきあいのある相手の場合、形式的になり過ぎないよう加減して使いましょう。

# CASE 04 社外でのあいさつ

## 自分より会社のイメージが優先

　取引先の担当者に会いにいくときは、会社の代表であるという自覚が必要です。社外を訪問する場合は、直前になってあわてることのないよう入念に準備を行いましょう。相手に迷惑をかけたり不快な気持ちにさせたりしないよう、ゆとりをもって移動し、訪問前に身だしなみを整えます。社内の人間と同行する場合は、いつものクセで上司や先輩に尊敬語を使ったりしないよう、敬語に注意すること。相手に安心感を持っていただけるよう、立ち居振る舞いや言葉づかいを丁寧にしましょう。

## ＊気づかいのポイント

- ☑ あいさつの順番を守る
- ☑ 名刺をすぐに出せるようにしておく
- ☑ 着席を勧められてから座る
- ☑ 飲み物を勧めてくれた人だけでなく、出してくれた人にも感謝を
- ☑ 自分の役割を簡潔に説明すると打ち合わせがスムーズに
- ☑ 見送りを辞退するのも相手への気づかい

■ 訪問先で相手にはじめて対面するとき

◎ **本日はお忙しい中、お時間をいただきありがとうございます。**

Point! 初対面の人にあいさつするとき、まずは自分のために時間を割いてくれたことに感謝します。「はじめてお目にかかります」「本日はよろしくお願いいたします」と、言葉を足すのもいいでしょう。

■ 同席の上司・同僚から紹介されたとき

◎ **はじめまして。○○と申します。**

Point! 「よろしくお願いします」と一言添えると、より丁寧に。「今回のプロジェクトの宣伝を担当しております」など、自分の役割を簡単に説明すると、その後の進行がスムーズになります。

■ 着席を勧められたとき

◎ **ありがとうございます。失礼いたします。**

✗NG! あ、はい。

Point! あいさつや名刺交換をしたあと、席を勧められてから座りましょう。勧められない場合は、相手が着席してから座ります。黙って座らず、必ず「恐れ入ります」「失礼します」などと言葉を添えること。

■ 同席の上司・同僚を紹介する

◎ **こちらは、当社の課長の○○です。**

Point! 自分より目上の上司でも、社外の人に紹介するときは「さん」をつけません。相手に失礼がないよう、立場が下の人から紹介します。自社の人間を紹介したあと、相手側の人たちを自分の上司と同僚に紹介します。

■ お茶などを勧められたとき

◎ **ありがとうございます。頂戴します。**

勧めてくれた人にお礼を述べてからいただくこと。飲み物を出してくれた人にも軽く会釈します。飲み物の種類をたずねられたら「なんでも結構です」ではなく「○○をいただけますでしょうか」と具体的に答えます。

■ 帰るときのあいさつ

◎ **この度はお忙しい中、お時間をお取り頂きありがとうございました。**

「今後とも、よろしくお願いいたします」など言葉を添えます。出口までお見送りをしてもらった場合は、「ご丁寧にありがとうございます」と、相手の心配りにお礼を言うのを忘れずに。

■ 見送りをやんわりと断る

◎ **どうぞお気づかいなく。こちらで結構ですので。**

✘NG! ここで大丈夫ですから。

かたくなに断る必要はありませんが、相手が忙しそうなら見送りを辞退するのも気づかいのひとつです。相手の好意を拒絶したかたちにならないよう、言葉のトーンに注意して。

**相手の状況に応じて遠慮する気づかいを。**

# 出先では会社「代表」の意識を持つ

**＊気づかいのコツ**
仕事で取引先に出向くのは、会社の看板を背負っていくのと同じこと。出先での自分は会社の顔であるという自覚を持ちましょう。

## 外出先でのチェックポイント

- □ 遅刻しない
- □ 早く到着しても、訪問時間まで待つ
- □ 身だしなみを整える
- □ あいさつを丁寧に
- □ 名刺を切らさない
- □ 着席のマナーを守る
- □ 相手の話をよく聞く
- □ 丁寧な言葉づかいを意識する
- □ 時間内におさまるようにする

# CASE 05 名刺交換のマナー

### 名刺が人の心を動かす

　初対面のとき、あいさつと同じくらい大切なのが名刺交換での気づかい。まごついたり、相手の名刺をぞんざいに扱ったりすると、相手に不快感やこの後の仕事に対する不安感を与えてしまうかもしれません。あいさつと同様に、相手への敬意をもって行いましょう。また、名刺交換は自分のことを知ってもらう最初の機会でもあります。自分の名刺が折れ曲がっていないか、名刺入れが他の人の名刺でパンパンになっていないか、定期的な確認と整理が必要です。

### ＊気づかいのポイント

- ☑ **名刺は多めに持ち歩く**
- ☑ **渡すタイミングを見計らう**
- ☑ **相手の正面に立ち、両手で渡す**
- ☑ **無言で行わず、渡すときも受け取るときも一言添える**
- ☑ **相手の名前を読み間違えないよう、わからなければすぐ確認**
- ☑ **受け取った名刺は丁寧に扱う**

■ 名刺を渡す

◎ ○○社の△△と申します。

**Point!** 相手の目を一度見てから、はっきりとした声で自己紹介します。自社の人間が他にもいる場合は、相手が混乱しないよう、部署や自分が何を担当しているかも簡単に伝えましょう。

■ 名刺を受け取る

◎ 頂戴いたします。

✘NG! ……（無言で受け取る）

**Point!** さらに「どうぞよろしくお願いいたします」などと言葉を添えます。名前の部分に指がかからないようにして両手でしっかり受け取り、軽く一礼すると丁寧です。

## 受け取った名刺の整理

■名刺にメモを残す

（裏側）

会った人の細かい情報は、時間が経つと忘れてしまいがちなもの。会った日、場所、仕事での役割などを名刺にメモしておくと便利。

■名刺の管理

仕事内容によって、「取引先別」「あいうえお順」「プロジェクト別」など大まかに区分けし、名刺メモで細かい情報をフォローする。近年はデジタル端末の管理ツールもあるので活用したい。

＊気づかいのコツ
ちょっとした情報をこまめにメモしておき、次の機会に活用する。

■ 名刺交換のタイミングが遅くなった場合

◎ ごあいさつが遅れて申し訳ございません。

ミーティングに途中から参加するなどの場合は、タイミングを見計らってあいさつします。あいさつが遅れたことをお詫びしてから、自己紹介しましょう。

■ テーブル越しに名刺交換する場合

◎ テーブル越しで失礼いたします。

相手の正面に立って名刺を渡すのが基本ですが、通路が狭いなどの理由で相手に面倒をかけてしまう場合は、その旨をお詫びしたうえで、テーブル越しに名刺交換します。

■ 名刺が足りなくなったとき

◎ 名刺を切らしてしまいまして、申し訳ございません。

名刺は常に多めに持ち歩くようにしましょう。なくなってしまった場合は、その場でお詫びをした後名刺を持ってすぐ再訪するか、手紙を添えて郵送します。

■ 名前の読み方を確認する

◎ 恐れ入りますが、なんとお読みすればよろしいでしょうか？

相手のあいさつをしっかり聞くことが前提ですが、聞きもらしてしまったときや、名字だけで名前の紹介がなかった場合は、すぐに確認しましょう。名刺ではなく相手を見て聞きます。

## 名刺交換の手順

### ❶目上から交換スタート
上司と一緒の場合は、先に名刺交換をしてもらい、うしろに控える。訪問した側が先に出すのが一般的。

### ❷向かい合ってから名乗る
テーブルの両側に席がある場合は、テーブルを回りこみ、相手の正面に立って名乗る。

### ❸両手で渡す
名刺を両手で持ち、名前が読めるように差し出す。指で文字が隠れないよう注意。

### ❹会釈をして両手で受け取る
相手が先に出した場合は、受け取ってから自分の名刺を渡すか、同時に交換する。同時に行う場合は、右手で自分の名刺を出し、左手で相手の名刺を受け取ってから空いた右手をすぐに添える。

### ❺もらった名刺は机の上に
席順どおりに名刺を並べる。相手の名前を間違えないように、心の中で再度確認しておく。

> ＊気づかいのコツ
> つっかえずスムーズに終わるのがベスト。流れを切らないよう、相手と上司の動きに注意して。

# Column

# おもてなしの心で お茶をお出しする

## 一杯のお茶に心を込める

　お客様にお出しするお茶には、わざわざ足を運んでくださったことへの感謝と、ひと息ついていただきたいという心配りの意味があります。おもてなしの心を込めてお出ししましょう。お茶を出すタイミングは、お客様と自社の担当者のあいさつがすみ、面談が始まるころが目安です。

### ● タイミングを計る

　お客様の来社に気づいたら、上司や担当者から「お客様にお茶を淹れて」と頼まれる前に察する気づかいを。名刺交換をしていたら、終わるまで待つなど出すタイミングにも気づかいを。

## ● 基本的な淹れ方

お茶一杯につき、茶さじ一杯の茶葉が目安。お湯の温度は香りを立てたいときは高めの温度、甘みを出したいときは低めの温度に。

**❶** 熱いお茶を出すときは、あらかじめ茶碗を温めておく。

**❷** お湯の温度は、紅茶で100℃、日本茶で70〜80℃程度。

**❸** 濃さが均等になるよう分けて注ぐ。最後の1滴まで注ぎきること。

**❹** 茶碗、カップの8分目まで注ぐ。

## ● お茶を出す順番

来客側の上座から順にお出しし、続いて自社の上座から出す。お茶がこぼれてしまったときのために、必ずふきんを持っていく。

**❶** 茶碗と茶托を別々にしてお盆に載せて運ぶ。

**❷** 茶碗を茶托に載せ、両手で持つ。

**❸** お客様の右側から、「失礼します」の言葉を添えて静かにお出しする。

**❹** 退出するときは「失礼しました」とあいさつするのを忘れずに。

# エレベーターでのお見送り

## 公共のスペースであることに注意

　オフィスビルの場合、来客のお見送りはエレベーター前でするのがふつうです。エレベーター前は他の会社や部署の人も使用する公共のスペースなので、他の人の邪魔にならないよう注意しましょう。人が多いときなどはマナーを厳密に守ろうとすると迷惑になることがあるので、無理しすぎず流れに沿うのがスマートです。

❶ 混雑している場合はやり過ごす。

❷ エレベーターが着いたら、操作盤のボタンを押してお入りになるのを待つ。

❸ 扉が閉まるまでおじぎをする。

お気をつけてお帰りください

# 第3章

# 仕事がうまくいく コミュニケーションの 気づかい

- ☑ 指示に対する受け答え
- ☑ 質問・相談する
- ☑ 報告する
- ☑ 依頼・お願いする
- ☑ お詫びする
- ☑ お断りする
- ☑ 帰社、退社、遅刻等の連絡
- ☑ 社内会議でのマナー
- ☑ 取引先との打ち合わせ
- ☑ 取引先へのお詫び

# CASE 01 指示に対する受け答え

### 親しいからこそ気づかいを持って

　普段から接している先輩や上司に対しては、ついつい慣れてしまい、気づかいを持った振る舞いを忘れてしまいがちです。「毎日顔を合わせているんだし、毎回言わなくてもわかるだろう」などと思わずに、長くつきあう相手だからこそ、敬意や緊張感を忘れないようにしましょう。丁寧な言葉で受け答えすることで、言われた相手の気分も、職場全体の雰囲気もよくなります。指示がしっかり伝わったことが相手にわかるように、ときどきアイコンタクトを取るのを忘れずに。

## ＊気づかいのポイント

- ☑ **返事ははっきりと、折り目正しく**
- ☑ **内容を理解したうえで返事をする**
- ☑ **前向きな姿勢を示す**
- ☑ **謙虚さを忘れない**
- ☑ **相手の都合に配慮する**
- ☑ **感謝の気持ちは言葉にして表す**

■ 仕事を頼まれたとき

 かしこまりました。

 頼まれた仕事をただやればいいわけではありません。前向きな返事をして、こころよく引き受けましょう。安心して仕事を任せられるようになってこそ一人前の社会人です。

■ 具体的な指示を受けたとき

 承知しました。

✘NG! わかりました。

 「承知しました」は、「わかりました」より丁寧な表現です。なにか指示があったときにはばくぜんと返事をせず、指示の内容を理解したうえで、相手の目を見て返事をしましょう。

■ 仕事のやり方を聞くとき

 ご指導をお願いいたします。

 「やったことがないので、やり方がわかりません」では、ネガティブな印象を与えてしまいます。仕事を積極的に学ぶ姿勢を示し、謙虚な態度でやり方を教えてもらいましょう。

■ 教えてもらったお礼を言う

 ありがとうございました。
たいへん参考になりました。

 貴重な時間を自分のために割いてくれたことに感謝し、丁寧にお礼を言います。「ありがとうございました」だけでなく、実際に仕事の参考になったことを相手に伝えましょう。

■ 書類を確認してもらうとき

◎ ○○ができましたので、ご確認いただけますでしょうか。

**Point!** 「ご確認お願いします」では、すぐにチェックをしてほしいというニュアンスが強くなります。相手の都合に配慮して「ご確認いただけますでしょうか？」と、丁重にお願いしましょう。

■ 打ち合わせ中に至急、上司の判断が必要になったとき

◎ 失礼します。(メモを見せながら)
○○課長、いかがでしょうか…

✘NG! ちょっとすいませんが…

**Point!** 上司だけでなく、打ち合わせに同席している他の人への気づかいも必要です。「打ち合わせ中に失礼します」と先に断ったうえで、用件を直接言うのではなく、わかりやすくまとめたメモを手渡し判断を待ちます。

■ 急いで確認してもらうとき

◎ 急ぎの案件でして、すぐにご確認いただけませんでしょうか。

**Point!** 急遽確認が必要になった場合は、急ぎであることをまず伝えましょう。相手の仕事に割り込むことになりますから、「お忙しいところ恐れ入りますが」など、申し訳ない気持ちを伝える言葉を足すとより丁寧です。

急ぎの案件でしてすぐにご確認いただけますでしょうか

急いでいても言うべきことはハッキリと！

## 感謝の気持ちが伝わるフレーズ

● 基本

強調のフレーズ
- 心から
- 本当に
- いつも
- 誠に

- 感謝しております
- ありがとうございます
- ありがとう

● さらに一言添えて…

いただいたアドバイス、たいへん勉強になりました

詳しく教えていただきとても助かりました

おかげでお客様にご満足いただけたようです。感謝申し上げます

お口添えいただきお礼の言葉もございません

> ＊気づかいのコツ
> 自分のために何かしてもらったとき、相手に感謝の気持ちを伝えるのは気づかいの基本です。「ありがとうございます」という言葉にプラスして、状況に応じた具体的な言葉を添えると思いが伝わりやすくなります。

# CASE 02 | 質問・相談する

### 声をかけるタイミングを見定める

　上司や先輩など忙しい相手に質問や相談をする場合は、声をかけるタイミングとお願いの言い回しに注意が必要です。相手が余分な時間をとらなくてすむよう、質問や相談を持ちかける前に、一度自分の頭の中で整理しておきましょう。ポイントを押さえた簡潔な質問であるほど、相手も回答しやすくなります。何の件か、いつ答えが必要かなど、できるだけ具体的に伝えることが大切です。答えてもらったあとは、必ず心を込めてお礼を言いましょう。

### ＊気づかいのポイント

- ☑ **相談を持ちかけるときは、いつも以上に丁寧な言葉づかいで**
- ☑ **相手が忙しそうにしていないか確認し、ほどよいタイミングを見計らう**
- ☑ **何を聞きたいか、ポイントをコンパクトにまとめる**
- ☑ **わからないことがあったときは、うやむやにしないで、すぐ確かめる**

■ 相談を持ちかけたいとき

◎ **ご相談したいことがあるのですが。**

✘NG! ちょっといいですか？

相談を持ちかける前に、まずは相手の状況を確認し、丁寧にお願いしましょう。「○○の件で」「○分ほどお時間いただけますでしょうか」と具体的に伝えると、相手もより対応しやすくなります。

■「あとにして」などと言われた場合

◎ **はい。何時頃でしたらご都合がよろしいでしょうか？**

どうしてもその日のうちに相談する必要がある場合は、相手の都合を聞いて空いている時間を見つけてもらいます。自分に時間的猶予があり、相手が忙しくて手が離せないときは、日を改めましょう。

■ 不明な点を相談したい

◎ **○○の点は、いかがいたしましょうか。**

「いかがいたしましょうか」は「どうしたらいいですか」の丁寧な言い方です。何か不明な点があった場合は、うやむやにせず、その場で聞いて確認し、行き違いが生じないようにしましょう。

■ 自分が判断に迷っていることに対し、アドバイスを求める

◎ **○○のことで苦心しております。ご意見をお聞かせください。**

どうすればいいか判断できないことは、上司や先輩に助言を求めましょう。問題が大きい場合は、自分の手に余る問題であることをはっきり相手に伝えて指示を仰ぎます。

# CASE 03 報告する

## 「ホウ・レン・ソウ」で正確さとわかりやすさを両立！

　社会人のマナーの三原則と言われる「ホウ・レン・ソウ」。報告、連絡、相談がうまくできると、仕事が円滑に進みます。とはいえ、長い説明は禁物。時間がかかるばかりでなく、相手に伝わりにくくなってしまいます。手短に伝えられるよう、頭でよく整理してから、わかりやすく報告しましょう。順調に進んでいるからといって、聞かれるまで連絡を怠ったりするのも厳禁。的確なホウ・レン・ソウができれば、上司や先輩からの信頼がアップします。

## *気づかいのポイント

- ☑ **早め早めを心がける**
- ☑ **伝言を伝えるときは、伝言主の印象を悪くしないように注意**
- ☑ **結果だけでなく、過程も手短に述べる**
- ☑ **報告が遅れたら、まずお詫びする**
- ☑ **報告される側の立場も考え、複雑な内容は資料にまとめる**

■ 伝言を伝えるとき

◎ ○○の打ち合わせですが、先方より変更の依頼がございました。

Point!  「変更してほしいそうです」では、先方が横柄な態度をとっているような印象を与えてしまうかもしれません。「変更の依頼がございました」なら、伝える相手にも先方にも失礼になりません。

■ 仕事の進捗状況を報告する（順調なとき）

◎ ○○の件は順調です。改めて状況の詳細を報告いたします。

Point!  「順調です」と報告するだけでは、詳しい状況が伝わりません。現在の進行状況や今後の予定などを付け加えるようにしましょう。報告が具体的であるほど、必要なアドバイスをもらいやすくなります。

■ 仕事の進捗状況を報告する（遅れ気味のとき）

◎ ○○の件について、懸案事項がございます。

Point!  「懸案事項」は、問題点、気がかりな点という意味のビジネス用語です。問題があるときは、できるだけ早く相談するのが鉄則。必要事項を簡潔に伝えて、指示を仰ぎましょう。

✘NG!
ちょっと問題があって遅れぎみです

ビジネスの報告は具体的にが基本。

■ 報告を求められたとき

◎ ご報告が遅れてしまい申し訳ございません。

✗NG! ああ、あの件ですね。

相手から指摘される前に早めの報告を心がけるのが原則です。報告を求められたら、素直に遅れたお詫びをしましょう。指摘がなくても、予定より報告が遅れた場合はお詫びの言葉を言ってから本題に入ります。

■ 複数の案件を報告するとき

◎ 本日は○件、ご報告があります。

だらだらと要領を得ずに話しても正確な報告とは言えません。案件が複数ある場合は、最初にその件数や「新プロジェクトの件と明日の会議の件」などと内容を簡潔に述べるとスムーズに伝わります。

■ 会議の結果を報告するとき

◎ 先日の会議では○○、××などの候補が出ましたが、結果として△△という方針でまとまりました。

会議の結果だけでなく、なぜその方針でまとまったのか、その過程を伝えることも大切です。過程の説明が長くならないよう、整理してから要約を伝えるようにしましょう。

■ 資料を見せながら報告する

◎ こちらに資料をまとめましたので、ご確認願えますでしょうか。

複雑な案件の場合は、言葉だけで報告しても十分に伝えきれません。口頭で済まそうとせず、資料にまとめましょう。資料を渡す前に、「ご確認いただけますか」と一言断りを入れると丁寧です。

## 報告・連絡の基本「5W1H」

**❶いつ（WHEN）**
○月×日

**❷どこで（WHERE）**
大阪支社で

**❸だれが（WHO）**
○○社の△△様が

**❹なにを（WHAT）**
ミーティングをしたい

**❺なぜ（WHY）**
商品購入条件の説明を聞きたい

**❻どのように（HOW）**
事前にパンフレットを10部送っておき、ミーティング当日に詳しく説明する

---

**＊気づかいのコツ**
報告や連絡は正確さが命。常に5W1Hを意識して、必要な情報を正確に伝えましょう。報告内容が複雑な場合は、口頭だけでなく資料にまとめる気配りを。

# CASE 04 依頼・お願いする

**頼みごとは謙虚な姿勢で！**

　なにかを頼むということは、相手の貴重な時間をいただくということ。たとえ、それをするのが相手の業務として当たり前だとしても、自分がお願いする立場であることには変わりありません。仕事の依頼は、ちょっとした言い方で相手が受ける印象が大きく変わります。こころよく引き受けてもらえるよう、謙虚にお願いすることが大切です。「して当然」というニュアンスになってしまい、相手の気分を損ねないようにしましょう。

## ＊気づかいのポイント

- ☑ **依頼内容をできるだけわかりやすく伝える**
- ☑ **命令形ではなく、依頼形で**
- ☑ **「申し訳ございません」と一言添える**
- ☑ **自分の都合を押しつけず、相手のことを考える**
- ☑ **急なお願いをするときは、いっそう丁寧な姿勢で**

■ （上司に）作業をお願いする

◎ 〜をお願いできますでしょうか。

**Point!** 「〜してください」と直接的に言うと、命令的に聞こえてしまいます。「〜できますでしょうか」「〜していただけますでしょうか」と依頼する表現を使いましょう。

■ （同僚に）簡単な作業をお願いする

◎ 恐れ入ります、お使い立てして申し訳ありませんが〜

✘NG! ごめんなさい、ついでにお願いします。

**Point!** 「お使い立て」は「ついでに頼む」を少し丁寧にした表現。簡単な作業でも「恐れ入ります」と一言添えてお願いするようにします。目上の人には、そうした作業を頼むこと自体が失礼になるので注意しましょう。

■ 急な作業をお願いする

◎ 急で申し訳ありませんが、お願いできませんでしょうか。

**Point!** 自分が忙しいから人がやって当たり前、という態度は気配りに欠けます。どうしても優先して作業してもらう必要がある場合は、まずお詫びを述べ、そのうえで丁寧に依頼します。

気持ちが伝わればこころよく引き受けてもらえます。

お使い立てして申し訳ありませんが…

# CASE 05 お詫びする

### 言い訳せず、まずは素直に謝る

　お詫びで大切なのは、反省の気持ちと責任の自覚です。自分のせいで迷惑をかけてしまったことを、心から深くお詫びしましょう。どれだけ丁寧な言い回しをしても、心が込もっていなければ謝罪の気持ちは伝わりません。中途半端な言い訳は信用を失うだけなので、相手の気持ちに配慮しながらまず謝り、必要があればその後で説明します。お詫びした後はすぐに解決策にとりかかりましょう。フォローしてもらったときは、お礼の言葉を忘れずに。

## ＊気づかいのポイント

- ☑ **言い訳をしない**
- ☑ **人のせいにしない**
- ☑ **反省したうえでお詫びをする**
- ☑ **フォローしてくれた相手に感謝の気持ちを伝える**
- ☑ **できるだけ早く対処に取りかかる**
- ☑ **相手が不快な思いをしないよう、表現に注意する**

■ 自分がミスをしてしまった

◎ たいへん申し訳ありません。以後、気をつけます。

自分のミスで相手に迷惑をかけてしまった場合は、まずは心からお詫びの気持ちを伝えましょう。これからも一緒に仕事をしていく相手のため、今後同じミスを繰り返さないのが誠意を表すことになります。

■ 頼まれていたことを忘れていた

◎ 失念してしまい、申し訳ございません。

「失念」は「うっかり忘れていた」という意味の言葉。頼まれたことを忘れてしまうのは社会人として落第ですが、やってしまったときは、まずはお詫びをしてすぐに対処にかかりましょう。

■ 自分のミスをフォローしてもらった

◎ ご迷惑をおかけして申し訳ありません。

自分のせいで相手に迷惑をかけたばかりか、後始末までしてもらった場合は、丁寧に謝ったうえで、ミスの原因を突き詰めて繰り返さないようにします。

■ チームのトラブルを叱責された

◎ チーム内で早急に改善策を講じます。

✗NG! 私一人のミスではありませんが…。

自分一人が悪いわけではなくても、チームの一員である以上、責任を負わなければなりません。自分一人の言い逃れは見苦しい印象を与えます。チームとしてトラブルを解決する姿勢をみせましょう。

# CASE 06 お断りする

## 相手の気分を損ねずやんわり断る

　依頼や要求を断るときは、ストレートに伝えるより、少し遠回しな表現を使った方が角が立たずにすみます。相手に不快感を与えないよう、直接的な拒絶を避けて婉曲に表現することを心がけましょう。そのうえで断らざるをえない理由を丁寧に伝えれば、相手の気分を損ねずにすみます。また、可能であれば、いつだったらできるのか、別の条件でできないかなどをすぐに検討して、前向きな代案を提案するように心がけましょう。

## *気づかいのポイント

- ☑ **断る場合は丁重に**
- ☑ **相手の気持ちと状況に配慮する**
- ☑ **相手が納得できる理由を伝える**
- ☑ **ストレートに自分の都合だけを言うのは絶対に避ける**
- ☑ **角が立たないよう、表現を工夫する**
- ☑ **建設的な代案を提案する**

■ スケジュールが合わない

◎ あいにく先約がございまして〜

用事があるからといってただそれだけを伝えると、相手には拒絶された印象だけが残ってしまいます。「あいにく」「残念ながら」と一言断ってから、別のスケジュールを提案するようにしましょう。

■ 断る理由を述べる

◎ なにぶんにも○○が××なものですから〜

「なにぶんにも」は断りの理由を述べるときによく使う表現です。「やむをえず〜」というニュアンスがあり、角を立てずに受け入れることができない理由を伝えることができます。

■ 急な残業を頼まれたとき

◎ 申し訳ありませんが、このあとは○○の予定がありまして…

✕NG! **別の用事があるんです。**

急な用事でも可能な範囲で対応するよう心がけましょう。どうしても引き受けられない場合は、丁寧に理由を説明します。できるだけ、明日なら対応できるなどの代案を提示しましょう。

誘ってくれた相手の好意をムダにしない気づかいを。

# CASE 07 | 帰社、退社、遅刻等の連絡

## 自分で決めず、必ずおうかがいを立てる

　帰社、退社、遅刻の連絡をするときは、時間や理由など、伝えるべき内容をあらかじめ頭で整理してから明確に伝えましょう。また、問題がないことがわかっていても、自分で決めてしまわず、上司に許可を求める姿勢が大切です。早めに相談すれば、早退や休暇が業務に差し支えることはあまりありませんが、実際は自分で決めているにしても、「認めていただく」かたちを取る気づかいをします。状況に応じて、お詫びの言葉を添えましょう。

## ＊気づかいのポイント

- ☑ **できるだけ早く連絡する**
- ☑ **理由を簡潔に伝える**
- ☑ **自分ですべて判断せず、まずは許可を求める**
- ☑ **いつになるか、日時を具体的に示す**
- ☑ **遅刻した場合は、余計な言い訳をしない**
- ☑ **迷惑がかかることを意識し、お詫びの気持ちを表す**

■ 直行するときに連絡する

◎ ○○の件で×時から△△社で打ち合わせがあり、立ち寄りまして出社します。

会社に直接出向かず、別の場所へ立ち寄ることがわかっている場合は、できるだけ早く報告しましょう。他の人々の業務に差し支えが出ないよう、立ち寄り先だけでなく出社時間も伝えておきます。

■ 直帰するときに連絡する

◎ 本日は、このまま直帰してもよろしいでしょうか？

自分が留守にしているあいだに、すぐに対応すべき案件が生じているかもしれません。自分だけの判断で「直帰します」と伝えるのではなく、直帰しても問題がないか、上司や同僚の確認を取りましょう。

■ 電車の遅延で遅刻しそうなとき

◎ 申し訳ありません。電車の遅延で、○分ほど遅れてしまいます。

✗NG! 朝早く出たのですが、電車が遅れたせいで遅刻します。

自分のせいではなくても、「電車が遅れたせいで」という言い訳の仕方はネガティブな印象を与えてしまいます。まずは遅刻することを謝罪し、どのくらい遅れそうか確実な時間を伝えます。

人のせい、モノのせいにする発言は印象ダウンの原因に。

✗NG!
事故のせいで電車が遅れたせいで…

95

■ 私用で早退する

> ◎ たいへん申し訳ありませんが、○○のため、早退させていただいてもよろしいでしょうか。

 やむをえず早退する場合は、必ず上司に直接相談しましょう。まず、早退する理由を簡潔に述べてから、丁寧に許可を求めます。自分が帰ることで他の人に迷惑がかかる可能性もあるので、お詫びの言葉も忘れずに。

■ 病欠の相談をする

> ◎ 体調不良により、本日は休ませていただきたいのですが…

✘NG! 今日は休ませてください。

 体調不良でつらくても、「休みます」「休ませてください」と断定的に用件を伝えるのではなく、許可を求めるようにしましょう。休むことで誰かに少しでも迷惑がかかる場合は、後日改めてお詫びします。

■ 休暇を取りたい

> ◎ 来週の○日は休暇をいただきたいのですが、よろしいでしょうか？

 長い休暇のお願いは、できるだけ早めに相談するようにします。たとえ定められた権利であっても、許可をもらうというかたちを守りましょう。業務に差し支えが出ないよう、同僚にも伝えておくこと。

休暇を取るときは周囲のことにも配慮しましょう。

## 出社・退社・欠勤などの連絡

### ❶遅刻
電話で状況を明確に伝え、到着予定時間を示す。

### ❷早退
やむをえない状況のときのみにする。状況がわかっているときは前日までに上司に相談を。

### ❸直行
始業後30分以内に社外で用事がある場合を目安に。前日までに伝える。

### ❹直帰
外出先で終業時間になることがわかっていれば、前日までに伝える。当日、予定より用事が長引いて直帰する場合は電話で申し出る。

### ❺休暇
会社の規定を確認し、遅くても数日前には上司に許可を得る。休暇中の対応を周囲にお願いするのも忘れずに。

### ❻病欠
可能な限りメールではなく電話で許可を得る。

---

**＊気づかいのコツ**

早めの連絡が大切。メールでは一方的になりがちなので、相手の反応がわかる電話での連絡が原則です。長期にわたって不在にする場合は社外に対する対応などがあるので、上司だけでなく同僚への連絡も必要になります。

# CASE 08 社内会議でのマナー

## まわりの意見をよく聞く

　大勢が参加する会議で重要なのは、積極的な発言以上に、まわりの意見をよく聞くこと。会議の流れを中断するような発言は好ましくありません。自分の主張を押しつけないように、言葉とタイミングを選んで意見を言いましょう。質問や確認をするときも、相手の発言を否定するようなネガティブな言い方になっていないかに注意を。質問に答えてもらったときや、貴重な意見をもらったときは、丁寧に感謝の気持ちを伝えましょう。

## ＊気づかいのポイント

- [x] 周囲に断ってから発言する
- [x] 質問は相手の説明が終わってから
- [x] 確認するときは、否定から入らない
- [x] 質問に答えてもらったときは、お礼の言葉を忘れずに
- [x] 自分の意見を否定されても感情的にならない

■ 発言をする

◎ よろしいでしょうか。

**Point!** いきなり話しはじめずに、一言断ってから発言をする方が失礼がありません。他の人の話をしっかりと聞きながら、切り出すタイミングをはかりましょう。

■ 質問をする

◎ 質問してよろしいでしょうか。

**Point!** 聞く側にまず話の内容に対する質問であることを伝えます。話を聞き終えてから、質問をしていいか場の承認を求めましょう。質問の内容をあらかじめ頭の中で整理しておき、できるだけ簡潔にポイントを述べます。

■ 不明点を確認する

◎ 確認したい点がございます。

✖NG! ちょっとわからないのですが。

**Point!** 「わからない」と言ってしまうと、相手の説明の仕方が悪いようなニュアンスになってしまいます。先に「〇〇の件について」などと何についての確認なのかを言うとその後の進行がスムーズです。

■ 要点や意図を確認したい

◎ 〜ということでしょうか？

**Point!** お互いの共通認識が違っていると、話がうまく進みません。相手が言っていることと自分が理解していることが同じかどうか把握したい場合は、タイミングを見計らって丁寧に確認しましょう。

■ 質問や確認に回答してもらったとき

◎ **お答えいただき、ありがとうございました。**

 自分の質問に答えてもらったら、そのまま流さずに、お礼を述べましょう。話の内容を理解したことが相手に伝わると、会議の雰囲気がよくなり、お互い気持ちよく話を続けられる状況になります。

■ 意見を述べたい

◎ **ひとつ提案させていただけますか。**

 積極的な発言だけでなく、聞くことも大切。自分の意見を言ったりアイデアを提案したりする前に、まずはまわりの意見をよく聞きましょう。そのうえで提案を行えば、建設的に意見交換ができます。

■ 上司や先輩の意見に同意するとき

◎ **○○さんのご意見に賛成です。**

 いい意見だと思ったら、ただうなずくだけでなく、はっきり言葉にしましょう。「いいんじゃないですか」というような言い方は、会議などの場ではなげやりで興味がないような印象を相手に与えてしまいます。

■ 上司や先輩の意見に反論するとき

◎ **おっしゃることはごもっともですが…**

✘NG! それは違うと思います。

 「間違っている」と頭ごなしに言われれば、誰でも気分を害します。まずは相手の意見を立て、そのうえで「こういう考え方もあるかもしれない」というかたちで自分の見解を述べれば角が立ちません。

■ ある部分をもう少し詳しく聞きたいとき

◎ ○○の件について、もう少し詳しくお聞かせいただけますか。

Point!　もっと詳しく聞きたいときは、相手の説明不足をとがめるような印象を与えないように注意します。できるだけ具体的に何を知りたいのかを言って、相手が答えやすいようにしましょう。

■ 自分の発言を否定・反論されたとき

◎ ご賛同いただけない点を、お聞かせいただけますか？

Point!　自分の発言に対して反対意見が出ても、感情的になって、貴重な指摘をしてくれた相手に不快な思いをさせないようにしましょう。冷静に耳を傾ければ、自分では思いつかなかった改善案につながるかもしれません。

## 会議の席次

●社内の会議

●他社との会議

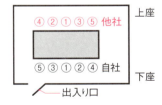

出入り口から一番遠い席が上座、一番近い席は下座というのが原則。新人や若手社員は下座に座ることが多くなります。

状況によって席次は変わりますが、

他社の人を自社に招いて打ち合わせをする場合は、他社が上座になります。人数が多い場合は会社同士で向かい合い、一番役職が上の人が中央に座ります。

＊気づかいのコツ
部屋に入るときは、上座と下座を常に意識しましょう。お客様や上司より先に座らないようにします。

# CASE 09 取引先との打ち合わせ

## 命令口調になるのを避ける

　打ち合わせ中につい出てしまうのが、「お願いします」「〜してください」という言い方。そのつもりがなくても、上から見ているような印象を与え、相手を不快な気分にさせてしまいます。自分が頼んでいるときはもちろん、相手から頼まれているときも、常に謙虚な気持ちを持つようにしましょう。思ったことをすぐに口にするのではなく、自分が同じことを言われたらどう感じるか、言葉を選んで発言することが大切です。

## ＊気づかいのポイント

- ☑ **用件をわかりやすく伝える**
- ☑ **お願いするときは、謙虚な姿勢で**
- ☑ **急なお願いはできるだけ避ける**
- ☑ **相談されるときも、聞かせていただくという姿勢を持つ**
- ☑ **承諾するときはこころよく**
- ☑ **わからないときは自分で判断せず、上司に確認をする**

■ 取引先にお願いをするとき

◎ 本日は、○○の件で
お願いに上がりました。

「お願いしにきました」「お願いがあります」より丁寧な言い方です。しっかり相手の顔を見て伝えましょう。何の件での相談なのか、相手にもすぐわかるよう用件を伝えると、打ち合わせがスムーズに進みます。

■ 取引先に急なお願いをする

◎ 急なお願いで
誠に申し訳ありませんが…

急なお願いはなるべくするべきではありませんが、どうしても必要な場合は、相手に負担をかけることをまずはお詫びしましょう。そのうえで、「〜していただけませんか」と依頼の表現を使ってお願いします。

■ 取引先からの相談を受ける

◎ ぜひお話を聞かせていただけますか？

## ✖NG! どのようなご相談ですか？

相手から相談があると持ちかけられても、「相談」という言葉をこちら側が使うと、謙虚さに欠けます。横柄な印象を与えて相手を不快にしないよう、「話を聞かせていただく」という気持ちを表しましょう。

自分を「上の立場」に置かないように。

■ 検討をお願いするとき

## ◎ ぜひともご検討
## いただけませんでしょうか。

話を終えたあと再度お願いを確認するときに使います。「ご検討ください」という命令調より、「いただけませんか」という言葉で依頼する方が表現がやわらかく、相手の気分を害しません。

■ 相手からの提案・質問に対して承諾するとき

## ◎ まったく問題ございません。

「大丈夫です」「まったく問題ありません」をより丁寧にした表現です。笑顔でこころよく承諾すれば、提案や質問をした相手に安心感を与えることができます。

■ その場で返答できない要求を出された

## ◎ 私の一存では判断いたしかねますので、確認させていただきます。

自分で勝手に判断したり、わからないからとあいまいに答えたりすると、トラブルに発展することがあります。自分の準備不足、知識不足をまずは正直にお詫びし、すぐに確認して返答する手はずを整えましょう。

■ 一度断られた件を再度お願いするとき

## ◎ ぜひご再考をお願いできませんでしょうか。

✕NG! なんとかもう一度、考えていただけませんか？

相手にしがみつくような表現で一方的にお願いしても、信頼関係は築けません。丁寧な言葉で誠意を見せ、相手の意見によく耳を傾けましょう。変更できる点や譲歩できる部分があれば、それも伝えます。

# 他社を訪問する前に

### 身だしなみをチェック
服にシワがないか、靴が汚れていないか、爪がきれいか、髪型やメイクが乱れていないか、におい対策ができているかをよく確認する。

### 持ち物をチェック
十分な名刺、筆記用具、打ち合わせに必要な資料、手帳、時計などがすべて揃っているか、バッグの中を点検する。

### 打ち合わせ内容を確認
打ち合わせの内容だけでなく、自社や相手の会社の最新の情報も共有しておく。

## 打ち合わせ時の気づかい

- 時間にゆとりを持つ
- 携帯はマナーモードに
- 席次を守る
- よい姿勢を保つ
- 話は簡潔に
- 時間は腕時計でさりげなく確認
- 不必要に長居しない

### ＊気づかいのコツ
他社を訪問する際は、相手に不快感を与えない清潔感のある服装を心がけましょう。持っていくべきものを確認し、忘れ物がないようにします。打ち合わせのあとは、翌日までに時間を割いてくれたお礼と打ち合わせ内容を簡単にまとめたメールを相手に送ると丁寧です。

# CASE 10 取引先へのお詫び

**言い訳は厳禁！　素直に謝る**

　心から反省し、二度と同じことが起きないように対応していく姿勢をみせなければ、言葉だけ丁寧にしたところで相手に謝罪を受け入れてもらえません。たとえ一方的に責められたとしても、言い訳をしたり責任転嫁したりすれば、状況はかえって悪化します。相手に迷惑をかけた事実を受け止め、深く反省したうえで、対応と今後の改善に努める気持ちを伝える努力をしましょう。誠実に不手際の埋め合わせをすれば、関係を修復することができます。

## ＊気づかいのポイント

- ☑ 自分の過ちを認める
- ☑ 謝罪の言葉は心を込めて
- ☑ 相手の話を聞き、厳しいことを言われても感情的にならない
- ☑ 謝るだけでなく、今後の対処法を提案する
- ☑ 言いづらいことを指摘してくれた相手に、感謝の気持ちを持つ

■ 自分のミスに対して

◎ **たいへん申し訳ございません。以後、気をつけます。**

自分のミスで社内はおろか、取引先にまで迷惑をかけてしまった場合は、深く反省している気持ちと、今後どう対処していくかを真摯な姿勢で伝えます。最大限に丁寧な言い回しを心がけましょう。

■ 取引先へ迷惑をかけたことをお詫びするとき

◎ **このたびは、ご迷惑をおかけして誠に申し訳ございません。**

自分の不手際ではなくても、会社として取引先に迷惑をかけてしまったときは、丁寧におじぎをしながらお詫びの言葉を述べましょう。自分一人だけ責任逃れをするような態度では、相手の信用を得られません。

■ 遅刻の連絡をするとき

◎ **たいへん申し訳ございませんが、10分ほど遅れてしまいます。**

待ち合わせや打ち合わせは、交通事情に多少問題があっても大丈夫なように、ゆとりをもって移動するのが原則です。どうしても遅刻してしまう場合は早めに電話連絡して謝罪し、到着予定時刻を伝えましょう。

■ 反省の気持ちを伝えるとき

◎ **今後はこのようなことがないよう、十分気をつけてまいります。**

✕NG! 今後は気をつけます。

「気をつけます」より、「気をつけてまいります」の方が、丁寧な表現です。重大なミスを犯してしまった場合は、深く反省し、二度とそのようなことがないよう対策をしていることを伝え、信頼の回復に努めます。

■ 説明不足をお詫びするとき

◎ 私の言葉が足りず、申し訳ありませんでした。

 自分ではしっかり伝えたつもりでも、相手がそれを理解していなかったのであれば、自分に非があると考えます。言い訳せずに説明が不十分だったことをお詫びしてから、もう一度わかりやすく説明しましょう。

■ 資料不足をお詫びするとき

◎ 資料に不備がありまして、申し訳ございません。

✗NG! すみません、忘れておりました。

 資料の準備には細心の注意を払いましょう。手違いや不足があったときは言い訳をせず、素直にお詫びします。すぐに正しいものを送る手立てを整えてフォローすれば、相手への迷惑を最小限に押さえられます。

■ 配慮が足りなかったとき

◎ 行き届かず、申し訳ございません。

 自分の行動がいたらなかったり配慮に欠けていたりしたことで、相手に不愉快な思いをさせてしまった場合は、非を認めて反省しましょう。謝罪の気持ちを率直に、丁寧に伝えます。

■ ミスを指摘されたとき

◎ ご指摘くださいまして、ありがとうございます。

 「申し訳ありませんでした」と謝るだけでなく、改善する機会を与えてもらったことに感謝する言葉を添えましょう。謝罪した後は、実際に改善に取り組むこと。

## ミスをしたときの対処とお詫び

**ミス発覚**  → **ミスの内容をすぐ確認**  → **上司に報告して対処法を検討**

### ❶ 身だしなみに細心の注意を

乱れた身だしなみでは誠意を疑われてしまう。いつも以上に注意を。

### ❷ 心からお詫びを述べる

マニュアル的なお詫びという印象を与えると逆効果に。

### ❸ 善後策を提案する

謝るだけではなく、どう対処するか、善後策を提案する。

### ❹ 再発防止対策を知らせる

ミスの原因を突き止めて、今後二度と同じことが起きないよう、対策を講じて相手に報告する。

### 謝罪のNG

- 謝罪が遅れる
- 言い訳や反論をする
- 泣く
- 口先だけで態度がともなわない

**＊気づかいのコツ**

一度失った信頼関係を修復するには誠意を持って全身でぶつかっていくしかありません。謝るだけではすまない厳しい状況で頼れるのは、マニュアルではなく気づかいの心です。

# ビジネスメールの基本

### 相手が読みやすいメールを書く

　対面での会話や電話と違って時間を問わず、記録を残しておけるのがメールのメリット。しかし、文章中心のコミュニケーションになるので、ちょっとした違和感やすれ違いがトラブルになってしまうこともあります。ビジネスメールの基本ルールを覚えて、相手が気持ちよく読めるメールを目指しましょう。

---

### ビジネスメール3つの原則

### 短く簡潔に
**あいさつ文などは簡略化し、内容を簡潔に伝える。**

### 受け手の立場に立つ
**画面の先の相手を想像しながら、失礼のない書き方を。**

### 「話す」と「書く」の違いを知って使い分ける
**細かい用件を伝えるにはメールが最適。詳細の補足や気持ちを伝えるときは電話を活用する。**

## ❶ 件名
受信トレイに一覧で表示される件名は、一目で内容がわかるようにする。

## ❷ 宛先、CC
宛先は個人とのやり取りまたは中心となる人物、CCは複数の人と情報を共有したいときに。

## ❸ あいさつ文
簡潔なあいさつ文を冒頭に入れる。ビジネスメールの場合は長すぎるとかえって不自然。

---

| | 新企画Aの次回打ち合わせについて |
|---|---|
| 差出人 | 山田花子【××コーポレーション】 |
| 宛先 | xxxxx@xxxxx.com ❷ |
| CC | yyyyy@yyyyy.co.jp |
| 件名 | 新企画Aの次回打ち合わせについて ❶ |

株式会社□□商事
企画営業部　■■太郎様
(CC：○○課長)

いつもお世話になっております。
××コーポレーションの山田です。　❸

先日ご相談させていただきました新企画Aの計画案がまとまりました。つきましては、詳しいご説明のため打ち合わせをさせていただきたく存じます。スケジュールの都合上、来週までには行いたいと考えておりますが、■■様のご都合をお聞かせいただいてもよろしいでしょうか。　❹

お忙しい中たいへん恐縮でございますが、ご検討いただけますよう、何卒よろしくお願い申し上げます。　❺

==============================
××コーポレーション
営業部　山田花子
東京都渋谷区○○1-1-1
TEL:03-xxxx-xxxx　FAX:03-xxxx-xxxx
MAIL:yamada@xxxx.co.jp
==============================　❻

---

## ❹ 本文
本文は用件のみを簡潔にまとめて、相手が読みやすいように気づかいを。

## ❺ 結びのあいさつ
締めとして結びのあいさつ文を入れる。

## ❻ 署名
メールソフトの設定で自動的に署名が入るようにしておく。

# 仕事でSNSを使うときの注意点

## プライベートと混同しない

近年、ビジネスの場でSNSを活用する企業が増えています。自分にとってなじみの深いサービスであっても、ビジネス使用の場合はまったく別ものと考えましょう。①プライベートの使用と混同しない、②セキュリティのルールを守る、の2つが大前提です。それぞれのサービスの特徴を知って、上手に使いましょう。

### ●フェイスブック

インターネット上に「友達」を作り、情報を共有します。自分の近況を報告したり、その場にいない人の情報を手軽に知ることができます。投稿にコメントする場合は、相手のことを考えた表現を。

### ●ツイッター

140文字以内の短文を投稿して、ユーザー間で共有するサービス。自分の真意が伝わる文章になっているかどうか、投稿の前にきちんと確認しましょう。「独り言」ではなく、相手に伝わる表現を心がけましょう。

### ●インスタグラム

写真や動画を投稿し情報の発信ができるコミュニケーションツール。写真や動画は、肖像権が含まれるので確認が必要です。また、コメントやDMは炎上するリスクが潜んでいるので注意してください。

### ●ライン

スマートフォンやパソコンで使用できる無料通話&テキストチャットサービス。個人間のチャット以外にも、グループチャット、タイムラインへの投稿などさまざまなサービスがありますが、投稿する内容には十分な注意を。

# 第4章
# 気持ちが伝わる電話対応の気づかい

### 好印象を持たれる電話の受け方

- ☑ 電話を受ける
- ☑ 電話を取次ぐ

### 好印象を持たれる電話のかけ方

- ☑ 電話をかける
- ☑ 電話をかけ直す、伝言を残す

### クレーム電話対応の心得

- ☑ クレーム電話に対応する

# 好印象を持たれる電話の受け方

電話応対は社会人としての基本であり、会社の窓口として重要な役割を担う仕事です。しっかりした受け答えができるよう、ポイントをおさえましょう。

行き届いた丁寧な電話対応は、組織が円滑に運営されていることを印象づけ、相手に安心感を与えます。一人の自分ではなく会社の代表として電話に出ていることをいつも意識し、迅速かつ丁寧に電話を受ける習慣を身につけましょう。取引先の名前や業務の内容に慣れないうちは緊張することがあるかもしれませんが、いろいろな電話に出ると業務をよく把握できるようになるので、新人のときは積極的に電話を取るようにしましょう。

## あらかじめ確認しておきたいこと

### ● 電話機の操作

保留の仕方、内線の回し方など、よく使う基本操作をあらかじめ確認しておくこと。部署によって違う電話機がある場合もあるので、注意が必要。

## 電話を受ける4つのポイント

### ❶ 3コール以内に取る

受けた電話を待たせずに取るのは企業としての常識。電話が鳴ったら、3コール以内に取ること。それ以上鳴ってしまったときは、「お待たせいたしました」と言葉を添える。

### ❷ 正確に聞き取る

担当者に取次ぐため、相手の情報をしっかり聞き取ること。社名や名前などの固有名詞を間違えると失礼に当たるので、相手が名乗らないときはこちらから聞いて取次ぐ。

### ❸ 声はやや高めに

元気で明るいトーンの声は相手に好印象を与える。姿勢が悪いといい発声ができないので、電話を取る前に一度姿勢を正す。

### ❹ メモを取る

短い電話だから大丈夫だろうと過信せず、電話中にメモを取ることを習慣付けたい。伝言を受けるときは、聞き間違いがないようにメモをし、復唱して確認する。

## あらかじめ確認しておきたいこと

### ● 座席表、資料など

すぐに担当に取次げるよう、座席の一覧や内線番号表を用意する。ホワイトボードに個人の予定が書かれている場合、朝のうちに確認しておく。

# CASE 01 | 電話を受ける

### 対面して話す以上に言葉と声色に注意！

　電話で相手に伝わる情報は声と言葉だけ。顔が見えず、相手は話からしか物事を判断できないため、直接会うとき以上に言葉づかいに注意が必要になります。

　電話は誰からかかってくるかがわかりません。ちょっとした一言が、自分だけではなく会社の印象を左右するかもしれないことを意識して、誰に対してもはきはきとした明瞭な声で受け答えしましょう。相手を待たせないよう、電話が鳴ったらできるだけ早く取ることを心がけます。

## *気づかいのポイント

- ☑ **言葉づかいに注意する**
- ☑ **相手を待たせずに、すぐに電話を取る**
- ☑ **はっきりとした声で対応する**
- ☑ **保留は短めに**
- ☑ **メモを取る**
- ☑ **丁寧に電話を切る**
- ☑ **正確に伝言する**

■ 会社で電話に出るとき

## お電話ありがとうございます。
## ○○株式会社でございます。

**Point!** 会社の電話を受ける場合は、「はい」や「もしもし」より「お電話ありがとうございます」が適切です。相手にわかりやすいよう、社名や部署名は略さずに伝えましょう。

■ 電話口で相手が名乗ったら

## いつもお世話になっております。

**Point!** 「お世話様です」より丁寧な言い方です。自分宛の電話でなくても、よく知っている人であれば、「○○様、いつもたいへんお世話になっております。△△でございます」と名乗るとよいでしょう。

■ 電話の声が聞き取りづらい

## 申し訳ございません。お電話が
## 少々遠いようなのですが…

**✘NG!** よく聞こえないんですが…

**Point!** 「よく聞こえない」では、相手を責めているような印象を与えます。相手の声が小さかったり、電話先の音がうるさかったりした場合は、先にお詫びをしてから遠回しに伝えると角が立ちません。

お電話ありがとうございます。
○○株式会社でございます！

会社を代表して
ごあいさつ
しましょう。

■ 相手の社名や名前を聞き取れなかったとき

◎ **恐れ入りますが、もう一度お聞かせいただけますでしょうか。**

 一度で聞き取るべきところを再度お願いすることについて、申し訳ないという気持ちを相手に伝えましょう。「もう一度お願いします」ではなく、「お聞かせいただけますでしょうか」と依頼するかたちが丁寧です。

■ 電話口で相手が名乗らない場合

◎ **失礼ですが、お名前をお聞かせ願えますか。**

✘NG! お名前を頂戴できますか？

 「頂戴できますか」はよく聞く表現ですが、「頂戴する」は「もらう」「受け取る」の謙譲語のため、名前をたずねる場合には適しません。「失礼ですが」と断ってから聞きます。

■ 間違い電話がかかってきたとき

◎ **失礼ですが、どちらにおかけでしょうか？**

 間違い電話だとしても、邪険に対応するのはよくありません。丁寧な受け答えを心がけましょう。たずねたあと「こちらは○○社でございます」ともう一度社名を言うと、相手も間違いだと把握しやすくなります。

■ 担当部署が違うとき

◎ **○○の件は、××部で対応させていただきます。少々お待ちいただけますか。**

 自分の所属ではない部署宛の電話がかかってきた場合は、相手をお待たせしないよう、すぐに取次ぎましょう。会社の部署と電話番号の一覧はあらかじめ用意し、すぐ確認できる場所に置いておきます。

■ 電話を取るのに時間がかかったとき

◎ お待たせしました、○○社でございます。

✘NG!（慌てて）はい○○社です！

Point! 一般的に、着信から3コール以内に電話を取るのがマナーとされています。できるだけ早く取るのが基本ですが、それ以上かかってしまった場合は「お待たせしました」と一言付け加えましょう。

■ セールスの電話がかかってきたとき

◎ 必要な際は、こちらからご連絡いたします。

Point! セールスの電話であっても、相手に不愉快な思いをさせないよう丁寧な言葉で対応するのが社会人としてのマナー。「結構です」ではなく、「こちらからご連絡します」と言えば失礼にならず、断る意思も伝わります。

## 保留のタイムリミット

### 30秒以内を目安に！
待たされる立場になると、保留音を聞きながら待つ時間は実際よりも長く感じるものです。保留時間は30秒以内を目安に、可能な限り相手を待たせないようにしましょう。

### 電話に出るときの対応

●30秒近くお待たせした場合

「たいへんお待たせしました」とまずお詫びを述べる。

●30秒以上お待たせしそうな場合

「のちほど、折り返しお電話してもよろしいでしょうか」とお断りを入れてから一度電話を切り、できるだけ早くかけ直す。

■ 受けた電話が自分宛だった

◎ **はい、私（わたくし）でございます。**

 男女問わず、「わたし」ではなく「わたくし」、「です」ではなく「ございます」を使うよう心がけましょう。初めての電話でも、明るくハキハキとした声で対応すれば、相手に安心感を与えられます。

■ 取次がれた電話に出る

◎ **お電話かわりました、〇〇でございます。**

✕NG! はい、かわりました。

 「〜でございます」と名前を言う習慣をつけましょう。違う部署から回ってきた電話の場合は、正しく取次がれたことがわかるよう「〇〇部の△△でございます」と部署名も言うのが丁寧です。

■ 話している電話をいったん切りたい

◎ **たいへん申し訳ございません。のちほど改めてかけ直してもよろしいでしょうか。**

 電話を途中で切るのは好ましくありませんが、長引いてしまって後の都合があるなどやむをえない場合は相手の許可を得たうえで切ります。極力長電話にならないよう、簡潔に切り上げる習慣をつけましょう。

■ 電話に出たが、話す時間がないため、かけ直したいとき

◎ **のちほどお電話をさせていただいてもよろしいでしょうか？**

 外出する前や、打ち合わせの合間に電話がかかってくるときがあります。どうしても対応する時間がないときは、あとでかけ直してもいいか、相手におうかがいし、折り返す時間の目安を伝えましょう。

■ 電話の用件が自分では判断できない内容だった

◎ **のちほど、担当の者から
ご連絡させていただきます。**

上司の許可がいることなどを一人で勝手に処理すると、逆に相手に迷惑をかけることになります。担当者と相談する旨を伝えて、一度電話を切りましょう。「〇分以内にご連絡します」と伝えると丁寧です。

■ 用件を終えて電話を切るとき

◎ **失礼いたします。**

✕NG! では、これで。

最初と最後の印象は強く残ります。あいさつをしてから電話を切りましょう。ガチャンという音は相手に不快な思いをさせることがあるので、受話器の場合は、指でフックを押さえて切るようにします。

## わかりやすい伝言メモ

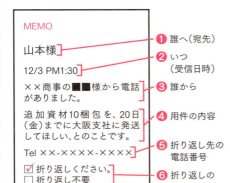

### 7つのポイントを押さえて書く

伝言をあずかる場合は、7つの項目を確認してメモを残すと、メモを受け取った相手は迅速に対応できます。書いたメモをわかりやすい場所に置くだけでなく、相手が戻ってきたとき、電話があったことやメモを残したことを口頭で伝えると間違いがありません。

# CASE 02 | 電話を取次ぐ

### 素早く取って正確に対応

　電話の相手は、担当者と話をするために電話をかけています。電話を取次ぐ時間が長引くことはそれだけ相手の時間を無駄にしていることになるので、できるだけ待たせないようにスムーズに応対します。取次ぎは、迅速さだけでなく、正確さも求められます。担当者不在時に戻り時間や折り返しの方法などであいまいな対応をとってしまうと、相手と担当者の両者に迷惑がかかってしまうことがあるので細心の注意をはらいましょう。

## ＊気づかいのポイント

- ☑ **身内に敬語表現を使わない**
- ☑ **迅速に取次いで相手を待たせない**
- ☑ **伝言は正確に聞き取って、メモをしっかり取る**
- ☑ **上司や同僚のその日のスケジュールをあらかじめ把握しておく**
- ☑ **必要以上に担当者のスケジュールを伝えない**

■ 電話を取次ぐとき

◎ ○○でございますね、少々お待ちくださいませ。

**Point!** 電話の声は聞き取りづらいものです。必ず取次ぐ相手の名前を繰り返して確認しましょう。すぐとなりの席にいるとしても、一度電話を保留する場合は「少々お待ちください」と一言添えます。

■ 取次ぐ相手が離席していた

◎ ○○はただいま、席をはずしております。

**Point!** 休憩をとっている、お手洗いに行っているなど、詳細を伝え過ぎるのはよくありません。社内にはいるものの、今は席をはずしているという旨だけ丁寧に伝え、すぐに取次げないことをお詫びします。

■ 外出しているとき

◎ ただいま外出しておりまして、戻りは○時の予定でございます。

**Point!** 取次ぐ相手が外出していて、後で会社に戻ってくることがわかっている場合は、予定の時刻を知らせます。行き先はあくまでも社内情報のため、相手には伝えません。

■ 取次ぐ相手が遅刻をしている

◎ 本日、立ち寄りがございまして、○○時に出社予定でございます。

✕NG! 電車が遅れたので、今日はまだ来ていません。

**Point!** 電車など、本人のせいではない理由で出社が遅れている場合、わざわざ相手に説明する必要はありません。「立ち寄り」という表現を使って不在であることを伝え、わかっていれば出社予定の時間を知らせます。

■ 担当が帰宅しているとき

◎ 申し訳ございません。
本日は帰宅いたしました。

**Point!** 勤務時間を過ぎたあとに電話があった場合は、相手にお詫びをしてから、すでに帰宅した旨を伝えます。「失礼させていただきました」という表現は、相手に許可をもらって帰るという意味なので適切ではありません。

■ 担当が欠勤、休暇のとき

◎ ○○は本日休みを取っております。

✖NG! 本日はお休みをいただいております。

**Point!** よく耳にする「お休みをいただいております」は、相手の許可をもらって休むという意味になるので、社外の人には使えない間違った表現です。「休みを取っております」という言い回しを覚えましょう。

■ 担当が出張中のとき

◎ ○○は✖日まで出張しております。

**Point!** 出張先や案件などの詳しい内容を相手に説明する必要はありません。いつまで不在かだけを伝えます。担当が長期出張中で、急ぎの用件で電話を受けたときは、上司と相談して迅速に対応しましょう。

■ 一度電話を切りたいとき

◎ 折り返しお電話させていただきます。

**Point!** 相手が急ぎの場合や、二度目の電話のときは、相手の時間を無駄にしてしまっていることに対して「申し訳ありません」とお詫びをしてから、折り返しの電話を申し出ましょう。

■ 担当者の代わりに用件を聞く

◎ 差し支えなければ私が用件を伺います。いかがでございますか。

Point! 担当者の代わりに用件を聞くのは、本来は相手に失礼にあたります。必ず、「さしつかえなければ」「よろしければ」とお断りをしてから自分が用件を聞くことを提案しましょう。

■ 相手の社名や名前の漢字が知りたい

◎ 恐れ入りますが、どのような字をお書きになるのでしょうか。

Point! 相手の時間をもらって説明を求めることになるので、「恐れ入ります」と先にお詫びします。「○様の漢字は、○の字でよろしいでしょうか」などとこちらから確認しても構いません。

■ 上司の家族から電話があった

◎ ○○課長にはいつもお世話になっております。ただいまお呼びしますので、少々お待ちください。

Point! 社外の人に上司の話をする場合は敬語を使いませんが、上司の家族に対しては敬語で対応します。ただ取次ぐのではなく、日頃お世話になっている感謝の気持ちを言葉にして一言添えましょう。

■ 同じ名字が数名いる場合

◎ ○○は2人おりますが、フルネームでお願いできますか？

Point! 部署内に同じ名字の人が複数いる場合は、フルネームを聞いて確認します。相手が名字しか知らない場合、用件を聞いて確認をとります。男性と女性である場合はそれで確認が取れる場合も。

# 好印象を持たれる電話のかけ方

毎日あたりまえのように使っている電話ですが、ちょっとした配慮と準備でかける相手に気づかいを伝えることができます。

電話をかけるときに気をつけなければいけないのは、かけるタイミングと話の簡潔さです。電話はメールやFAXよりやりとりが早くて便利ですが、電話を受けた相手は仕事を中断して話をしていることを常に意識しましょう。

原則として、携帯端末より会社の固定電話を優先してかけます。急ぎの用件などで携帯端末にかける場合は、極力プライベートに踏み込まない配慮が必要です。

## 相手が不在のときの対応方法

### かけ直す
こちらからかけ直すのが一番丁寧な対応。
必要に応じて、相手の戻り時間を確認しておく。

### 伝言を残す
簡単な内容であれば、伝言をお願いしてもよい。詳細を伝えたい場合は、メールやFAXを併用する。

### 折り返しを依頼
よく知らない相手にいきなり折り返しをお願いするのは失礼になる場合がある。急ぎの場合や、何度か入れ違いになった場合のみに留めたい。

### 携帯にかける
基本的には、相手が仕事用に携帯電話等を使っており、了解が得られる場合のみ使う。

あいにく○○は不在にしております

## 電話をかける4つのポイント

### ❶ 話の要点をまとめておく

スムーズに話を進められるよう、電話をかける前に伝えたい内容をまとめる。説明を求められたときに必要な資料などを手元に揃えておくとよい。

### ❷ タイミングを見計らう

勤務時間内に電話をするのが基本。相手が忙しいことがわかっている時間帯や、始業直後や終業間際、昼休みなどはできる限り避けたい。

### ❸ 話すスピードに注意する

早口では聞き取りづらいことがあるが、かといってゆっくり過ぎると不自然。10秒間で60字程度のスピードを目安に話すよう心配りを。

### ❹ できるだけ手短にすませる

こちらの都合で電話をかけ、相手に時間を割いてもらっているということを常に意識し、必要以上に話が長くならないように心がける。

# CASE 03 | 電話をかける

## 相手の状況を気づかう

　自分の都合のいい時間に連絡できる電話は便利ですが、相手がいつも話せる状態とは限りません。電話をかけるときは、相手が話をできる状況にあるかどうかをまず気づかいましょう。急ぎの用件でない場合、相手の余裕がなさそうなら後ほどかけ直す配慮を。資料が必要な場合は、あらかじめ手元に準備しておきましょう。日時、場所、数字などを伝える場合は、口頭だけでなく、メールやFAXで詳細をフォローします。

## ＊気づかいのポイント

- ☑ **電話をする前に、伝えたい要点をまとめておく**
- ☑ **相手が聞き取りやすいように、はっきりとした声で名乗る**
- ☑ **社名や所属部署も伝える**
- ☑ **話せる状況にあるか、相手に気を配る**
- ☑ **できるだけコンパクトに話をまとめる**

■ 電話をかけるときの最初の言葉

◎ 私（わたくし）、○○社××課の△△と申します。

相手が電話に出たら、聞き取りやすいはっきりとした声で名乗ります。社名と名前だけでなく、所属部署も伝えるとスムーズです。その後、「お世話になっております」とあいさつしましょう。

■ 面識がない人に電話をかける

◎ はじめてお電話いたします。○○社の△△と申します。

はじめての相手に電話をかけるときは、その旨をあらかじめ伝えましょう。「誰だかわからないけど、面識のある人かもしれない」と、相手を迷わせずにすみます。

■ 面識がない人の携帯電話にかけるとき

◎ こちら、○○様の携帯電話でしょうか？

**✕NG! ○○さんの携帯ですか？**

携帯電話の場合、知らない番号からの着信は警戒心を持たれてしまうことがあります。相手の不安要素を取り除くためにも、自分が相手を知っていることを最初に伝えたうえで名乗りましょう。

面識のない人への初電話は誰でも緊張するものです。

■ 朝早く（夜遅く）に電話をする

◎ **朝早く（夜分）申し訳ございません。**

✘NG! 朝早く（夜遅く）にすみません。

 **Point!** プライベートの電話と違い、ビジネスの電話の場合は勤務時間内に電話をするのが基本です。一般的には、午前9時前や午後6時以降に電話をかける場合、一言お詫びを言いましょう。

■ 取次いでもらいたい相手を伝えるとき

◎ **○○様はいらっしゃいますでしょうか？**

 **Point!** 「さん」ではなく、「様」という表現を習慣づけましょう。相手によく聞こえるよう、名前の部分をはっきりと言います。同じ名字の人がいる場合は、あわせて部署名を言うか、フルネームで言います。

■ 担当者が電話に出たとき

◎ **○○社の△△です。今、お時間よろしいでしょうか？**

 **Point!** 自分の都合で電話をかけた場合、いきなり本題に入らずに、相手の都合を確認しましょう。あらかじめ電話をすることがわかっている場合以外は、一言たずねるのが気づかいです。

■ 電話の用件を説明する

◎ **早速ですが、○○の件でご相談があります。**

 **Point!** 相手が話せる状況であることを確認したあと、最初に用件を言います。用件を先に伝えることで、相手もその案件にフォーカスでき、スムーズに話を進めやすくなります。

# 状況に応じた連絡方法の使い分け

気持ちが伝わりやすい ↑

### 手紙

長所：気持ちを込めやすい。手元に残る。相手が自分の好きな時間に読める。
短所：用件が伝わるまでに時間がかかる。

### 電話

長所：その場ですぐにやりとりできる。
短所：相手の都合がいいとは限らない。内容が記録に残らない。

### メール

長所：日時などの情報が正確に伝わる。記録に残る。
短所：緊急の連絡には使えない。一方的になりやすい。

### FAX

長所：追加したい手書きの資料などを簡単に送れる。
短所：緊急の連絡には使えない。一方的になりやすい。

↓ 事務的、ビジネスライク

> **＊気づかいのコツ**
> 一番正式な連絡手段は手紙で、招待やお礼には書状が適しています。急いで連絡を取りたい場合は電話が最適ですが、聞き間違いが起きやすいので、電話のあとでメールやFAXを送るなど、それぞれの特徴を活かして使いましょう。

# CASE 04 | 電話をかけ直す、伝言を残す

## 臨機応変な対応が必要

　相手が不在の場合、一度電話を切って、相手の都合のいい時間にかけ直すのが基本ですが、何度もすれ違いになってしまうこともあります。また、急いで用件を伝えたくても内容によっては伝言を頼めないなど、状況はさまざま。相手の都合を第一に考え、緊急性や内容も考慮しつつ、状況に合わせた対応をしましょう。電話を取次いでくれる人や、伝言をあずかってくれる人への感謝の気持ちも大切です。お礼やお詫びの言葉で気づかいを伝えましょう。

## *気づかいのポイント

- ☑ **電話をもらったら、できるだけ早く折り返す**
- ☑ **相手が不在の場合、急ぎでなければこちらからかけ直す**
- ☑ **相手の都合をよく考える**
- ☑ **伝言はコンパクトに**
- ☑ **至急連絡を取りたいときは丁寧にお願いする**
- ☑ **話した内容はメールなどでフォローする**

■ 不在時にかかってきた電話に折り返す

◎ **先ほどお電話をいただきましたが、○○様はいらっしゃいますでしょうか？**

**Point!** 自分が席をはずしているときにかかってきた電話に折り返す場合は、その旨を伝えます。電話対応をしている人がすぐに状況を把握できるので、格段に対応がスムーズになります。

■ 電話に出られなかったことを詫びる

◎ **先ほどお電話をいただきまして、失礼いたしました。**

**Point!** いきなり本題に入らず、まずは、電話をもらったときに自分が不在で応じられなかったことをお詫びします。折り返しの電話が遅くなった場合は、「ご連絡が遅くなり申し訳ありません」と言葉を添えましょう。

■ 相手の戻り時間を知りたいとき

◎ **何時頃、お戻りになりますでしょうか？**

**Point!** 相手が不在のときは、こちらからかけ直すようにしましょう。急ぎの場合は、何時頃電話をすれば相手の都合がいいかを丁寧に聞きます。「お戻りになられますか」は二重敬語で、間違った表現になります。

■ あとでこちらからかけ直す

◎ **こちらからまた改めてお電話させていただきます。**

✘NG! **ではまた、かけ直します。**

**Point!** こちらからかけ直すことを伝えるには、「お電話させていただきます」「お電話いたします」という丁寧な表現を使いましょう。相手が席に戻ってくる時間を確認した場合は、その頃に電話する旨を伝言しておきます。

■ 折り返し連絡する申し出があったとき

◎ **恐れ入ります。それでは、お願いできますでしょうか。**

✘NG! はい、お願いいたします。

本来は自分からかけ直すべきなので、もし折り返し連絡の申し出があった場合は、「恐れ入ります」「お手数をおかけいたしますが」とお断りをしてからお願いしましょう。

■ 折り返し電話をしてほしい旨を伝える

◎ **恐れ入りますが、お戻りになりましたら折り返しお電話をいただきたいのですが。**

相手の戻り時間がわからないときや、何度も行き違いになっているときは、折り返しの電話をお願いしても問題ありません。ただし、相手に手間をかけさせて申し訳ないという気持ちを伝えましょう。

■ 至急連絡を取りたい旨を伝えたい

◎ **急ぎの用件がございまして、ご連絡をくださるよう、お伝えいただけますか？**

急ぎの連絡でも心配りは必要です。「ご連絡ください」という命令口調は避けましょう。高圧的な印象を相手に与えてしまうので、「〜いただけますか」と依頼するかたちで丁重にお願いします。

恐れ入りますが…

取次いでくれた人に感謝の気持ちを伝えます。

■ 用件を伝える旨の申し出があったとき

◎ それでは、お願いできますでしょうか。○○の件ですが…

 伝言の申し出があった場合は依頼しても構いません。担当者なら詳しく言わなくてもわかることでも、取次いでくれる人にはわからない場合があるので、そのつもりで用件は丁寧に伝えましょう。

■ 伝言をお願いする

◎ 伝言をお願いしたいのですが、お伝えいただけますか？

 ごく簡単な用件で、かけ直しをして担当者の手をわずらわせるほどでもない場合は、伝言を依頼しても構いません。伝言をあずかってくれる人を気づかい、「恐れ入りますが」と最初に断りましょう。

■ 伝言を再確認したい

◎ では○○の件、よろしくお伝えくださいませ。

 用件を一方的に伝えてお願いするのではなく、最後に「○○の件」と要約すると、電話を受けた相手も内容を再確認できます。「お伝え願えますでしょうか」という表現でもよいでしょう。

■ 伝言を頼んだ相手の名前を聞きたい

◎ 恐れ入りますが、お名前をうかがってもよろしいでしょうか。

✘NG! 念のため、お名前を教えていただけますか。

 「念のため」という表現は、相手を信頼していないようなイメージを与え、失礼に当たります。「恐れ入りますが」や「失礼ですが」と断ってから相手の名前を聞きましょう。

■ 伝言の内容が複雑なとき

◎ **込み入った内容ですので、メモをご用意いただけませんでしょうか。**

 込み入った話は担当者と直接話すべきですが、緊急の用件でいたしかたない場合もあります。「申し訳ありませんが」と一度お詫びしてからメモの準備をお願いし、相手の準備を待って用件を伝えます。

■ メールやFAXを確認してもらうよう伝えてもらう

◎ **メール(FAX)をご確認くださるよう、お伝えいただけますでしょうか。**

 メールやFAXを送ったあとに電話した場合は、「先ほどお送りした〜」と言葉を添えましょう。メールもFAXも誤送信や受信ミスの可能性はあるので、緊急性の高い要件の場合は確認する習慣を付けましょう。

■ 不在だった相手に電話をかけ直すとき

◎ **先ほどお電話した□□社の△△ですが、○○様はお戻りになりましたでしょうか。**

 たびたびの電話は、出られなかった相手の負担になることがあります。最初に電話したときからあまり時間をあけずにかけ直したときは、お詫びの気持ちをもって、「恐れ入れますが」と言葉を加えましょう。

> たびたびの電話で負担にならないよう、気づかいを。

## 留守電にメッセージを残す

発信音がピーッと鳴ったら…

**20秒以内にまとめる**

①簡単なあいさつのあと、社名と名前を言う

②用件を話す
詳細は直接話すことにして、概要だけを手短かに。

最小限の用件だけ

③今後の連絡方法について伝える
自分からかけ直すか、
折り返しの電話をもらうか、
状況に応じて対応する。

④折り返しをしてもらう必要があれば、自分の電話番号を残す

**＊気づかいのコツ**
留守番電話の設定の仕方にもよりますが、20秒程度ならメッセージが途中で切れてしまうことはまずありません。簡潔に、最小限の用件だけを残し、詳しい内容はメールなどを送るか、直接電話で話します。

# クレーム電話対応の心得

ベテラン社員にとってもクレーム電話の対応は難しいもの。相手を「クレーマー」扱いせず誠意を持って傾聴することで、解決の糸口をつかみましょう。

　クレーム電話の対応で一番大切なのが、よく聞くこと。クレームであっても会社に対してかけていただいた電話であることには変わりありません。相手の怒りやネガティブな雰囲気に呑まれず、常識ある社会人として対応することを心がけましょう。パニックに陥ってしどろもどろになったり、相手の強い言葉に反応して議論になったりするのがもっともよくない対応です。

## やってはいけないNG対応

● 反論する

それは間違っていると思います

すでに怒っている相手に対して、「でも」「しかしですね」など、否定の表現は厳禁。

● たらい回しにする

○○部の方におつなぎします

苛立っている人には、電話の保留時間がいつも以上に長く感じられるもの。スピーディかつ丁寧な対応を。

● あいまいに答える

たぶんできると思います

勢いに押されてあいまいな答えをしてしまうと、のちに大きな問題に発展する場合もあるので要注意。

## クレーム電話の4つのポイント

### ❶ 話をよく聞く

冷静に辛抱強く相手の話に耳を傾けること。ひととおり話が終わるまでは、口を挟まず聞くことに徹する。こちらが聞く姿勢であることが伝われば、相手の興奮も収まりやすい。

### ❷ 相手の要望を見極める

興奮している人の話は混乱していることが多く、言っていること以外にクレームの原因がある場合も多い。相手の話を聞きながら内容とその原因を探る。

### ❸ 迅速に対応する

先延ばしにすればするほど状況は悪化すると心得る。誠意を持って迅速に対応し、二次クレームを防ぐ努力を。

### ❹ 解決策を提案する

状況を把握したら、あらためて謝罪の言葉を述べ、対処法を提案する。相手の態度が軟化しても、慎重に丁重な態度を保つ。

### クレーム相手に感謝の気持ちを持つ

クレーム電話の対応をしているときに忘れがちなのは、対応している側だけでなく、クレームをつけている側もストレスを感じているということ。クレームの内容には、しばしばこちらの耳に痛いことが含まれている。今後のサービスを改善するヒントをもらえた場合、お詫びや反省とともに、感謝の気持ちを相手に伝えよう。

貴重なご意見をいただきありがとうございました

# CASE 05 クレーム電話に対応する

## 心は冷静に、態度は誠実に

　会社全体の信用問題にもかかわってくる、クレーム電話の対応。クレームの電話を受けたら、パニックに陥らず、心を落ち着けましょう。まずは冷静に相手の話に耳を傾けます。相手の気分を逆なでするような失礼な応対をすれば、さらに大きなトラブルになってしまうので、あいづち一つにも相手の気持ちへの配慮が必要です。不満や怒りの内容を把握し、迅速に対策を考え、心から反省して謝罪の気持ちを伝えることが、クレーム対応の第一歩です。

## ＊気づかいのポイント

- ☑ **冷静に対応する**
- ☑ **相手の話をよく聞く**
- ☑ **反論しない**
- ☑ **心を込めて謝罪する**
- ☑ **クレームの内容をしっかり把握する**
- ☑ **あいまいな返答をしない**
- ☑ **貴重な意見に感謝の気持ちを持つ**

■ クレーム内容を確認するとき

◎ **詳しく事情をお聞かせいただけますか？**

Point!　まずは話をよく聞いて、クレーム内容の把握に努めます。相手がすでに感情的になっている場合は、「恐れ入りますが」と言葉を足して、低姿勢を取り、冷静に話を聞きましょう。

■ 相手の怒りが高まっているとき

◎ **誠に申し訳ございません。お怒りはごもっともです。**

Point!　怒りで興奮している相手から筋道立った話を聞くのは難しいので、まずはいったん相手の不満に対し謝罪をしましょう。ただ謝るだけでなく、「お怒りはごもっともです」などと相手に同調の姿勢を示します。

■ 調べてから折り返し連絡をしたい

◎ **すぐに確認しまして、折り返しご連絡させていただきます。**

✘NG! とにかく一度確認してみます。

Point!　何かを調べる必要がある場合はその旨を伝えましょう。迅速に対応している姿勢を見せれば、多くの場合相手の理解を得られます。「○分ほどお時間をいただけますか」と具体的に言えばさらに誠意が伝わります。

■ もう一度確認してもらいたいことがあるとき

◎ **恐れ入りますが、今一度ご確認いただけませんでしょうか？**

Point!　話をよく聞いたうえで明らかに内容がおかしいと思われる場合は、状況の再確認をお願いしたほうがよい場合もあります。「恐れ入ります」と恐縮の姿勢を見せてから、依頼のかたちで丁重にお願いしましょう。

■ クレーム内容を確認したいとき

◎ 恐れ入りますが、お話を一度整理させていただけますか？

相手の話が怒りのあまり混乱していると感じたら、いったん話を聞き終わってから、一つずつ問題点を整理していきましょう。いきなり質問せずに、こちらから確認していいか、慎重にお断りを入れます。

■ 自分の担当ではないクレームのとき

◎ 担当の者が応対させていただきますので、少々お待ちいただけますでしょうか。

自分が担当であるかないかは、相手には関係のないことです。同じことを繰り返し説明していただく必要がないように、取次ぐときに担当者にわかった範囲のクレーム内容と状況をよく伝えます。

■ 担当者が不在のとき

◎ 担当の者が席をはずしておりまして、戻り次第、ご連絡させていただきます。

✘NG! 今、わかる者がいないので…

本来すぐに対応すべきところですが、やむをえない場合はできるだけ早く対応するという姿勢を示す必要があります。そっけない対応は問題を大きくする原因になります。

相手の感情に流されないよう落ち着いて…

どうなってるのお宅の会社は!!!

■ こちらの不手際だったとき

◎ **たいへん申し訳ございません。**

Point! こちらのミスで相手に迷惑をかけてしまったときは、「すみません」ではなく「申し訳ございません」がふさわしい表現。「ご迷惑おかけして」「こちらの不注意で」など、状況に応じた表現を加えます。

■ 配慮が足りなかったとき

◎ **行き届かず、申し訳ございません。**

Point! 「行き届かない」とは、心配りや配慮が足らずに、相手に不愉快な思いをさせてしまったときに使う表現です。こちら側に責任がある場合は、率直に謝りましょう。

■ クレーム内容が相手の勘違いだったとき

◎ **私どもの説明がいたらず、申し訳ございません。**

Point! 相手の勘違いだったことがわかったとしても、相手を立てるようにしましょう。間違いを責めても何の意味もありません。「私どもの説明がいたらない」と言えば、相手はきまり悪い思いをせずにすみます。

■ 勘違いに気づき、相手が謝ってきたとき

◎ **どうぞこの件はお気になさらず、今後もよろしくお願いいたします。**

✖NG! いえ、大丈夫です。

Point! 相手が謝罪をしてきたときは、そのまま受けてはいけません。こちらから「お気になさらないでください」「今後もよろしくお願いします」などの言葉で、こちらが相手をとがめていないことを示します。

■ 対応を話し合う

◎ ○○させていただければと思いますが、いかがでしょうか。

Point! 「○○させていただきます」という表現は、解決の方法を自分で決めたというニュアンスがあります。もう一歩進んで相手の立場に立ち、解決の方法を相談させていただく、という姿勢がベターです。

■ 無理な対応を迫られたとき

◎ たいへん申し訳ございませんが、ご要望には添いかねます。

✕NG! それはさすがに困ります。

Point! 理不尽な対応を迫られたときは、要望に応えられないことを丁寧に、しかしはっきりと伝えます。断りにくいからといってあやふやにすれば、さらなる問題に発展することもあります。

■ 電話を切る前にもう一度詫びる

◎ このたびはたいへんご迷惑をおかけしました。深くお詫び申し上げます。

Point! 最初に謝罪するのはもちろんですが、相手に迷惑をかけただけでなく、言いづらいことを話してもらったことに対し、申し訳ないという気持ちを持つことが大切です。最後にもう一度、丁寧にお詫びを言いましょう。

■ クレームの電話を切るとき

◎ 貴重なご意見をありがとうございました。今後に活かしてまいります。

Point! 問題が解決した後は、クレームを言った側も気まずさを感じているかもしれません。問題点を指摘してくれたことに対して感謝の気持ちを伝えることで、相手に後味の悪い思いをさせずにすみ、今後の関係も維持できます。

## クレーム対応の同調フレーズと厳禁フレーズ

### 誠意を示す同調フレーズ

「そうですね」
「ごもっともです」
「私もそう思います」
「おっしゃるとおりです」
「〜ということですね」
「そうおっしゃるお気持ちはよくわかります」

### 使ってはいけない厳禁フレーズ

「それはないと思います」
「絶対にありません」
「普通では考えられません」
「そう言われましても」
「ですから…」
「それはちょっと…」
「は?」
「……(無言)」

> \*気づかいのコツ
> 感情的になっている相手にとっては、言葉よりも「自分の話が受け入れられている」という実感のほうが大きな意味を持ちます。発言に正面からぶつからず、まずは相手の話をやわらかく受け止めて、相手の怒りが収まるのを待ちましょう。

# Column

# スマートフォン、携帯電話の気づかい

## 仕事とプライベートをきっちり分ける

　仕事で電話をかける場合は会社の固定電話を使うのが基本ですが、外回りが多い職種などでは携帯電話やスマートフォンが主な通信手段になる場合があります。仕事専用の端末を使っている場合は問題ありませんが、相手もそうとは限らないので、携帯端末にかけるときはプライベートを侵害しないよう注意しましょう。スマホやタブレットなどの場合はとくに情報漏えいについての心配があるので、どうしても使いたい場合はビジネス専用の端末を用意したほうがよいでしょう。

詳しくは会社に戻って改めてご連絡いたします

## 公共ルールに対する気づかい

### 周囲に迷惑をかけない

携帯端末を使う際は、公共のルールを守ること。ながら電話はNG。必ず立ち止まって、人の邪魔にならないところで話しましょう。

## 電話をかける相手に対する気づかい

### 電波状況に注意

外出先から携帯端末で電話をかける場合は、周りの騒音や電波状況に気を配りましょう。日時や数字の聞き間違いなどがないよう、電波状況のよいところに移動してから電話します。

## 機密保持・プライバシーの気づかい

### 最重要な話は固定電話で

携帯端末のマナーは基本的には固定電話と同じですが、「外」で使っていることを忘れてはいけません。他社の近くや駅などではとくに注意を。外に漏れて困る重要な話は避けたほうが無難でしょう。

# オフィスでの若者言葉はOK？

## 場に合わせて使い分けましょう

　ビジネスシーンでは、普段友達との会話で使っているような若者言葉はふさわしくありません。意識していないところでうっかり出てしまうことがあるので注意します。通常は敬語で話すのが基本ですが、カジュアルな場では丁寧すぎるとかえって雰囲気に合わない場合もあります。フォーマルな言い回しを知ったうえで、場の雰囲気に合わせましょう。

● **語尾を伸ばす**
「〜とかー」
だらしなく公私のけじめがない印象を与えてしまう。

● **不要な疑問形**
「今日の会議？　なんですけどー」
疑問形になってしまうのは、伝える内容が明確になっていない場合が多い。

● **あいまいな表現**
「○○っぽい」
イメージを伝えるときなどは許されるが、通常の業務ではなるべく使わないようにする。

● **自分を名前で呼ぶ**
「ユミ、明日お休みします」
ビジネスシーンでは、男女問わず一人称には「私」を使うこと。

● **その他**
「ぶっちゃけ」
「私的にはー」
「ていうかー」

# 第5章
# 信頼関係を築く
# おつきあいの気づかい

- ☑ 上司・先輩とのおつきあい
- ☑ 同僚・後輩とのおつきあい
- ☑ お酒の席での気づかい
- ☑ 気づかいを忘れないお酒のたしなみ
- ☑ 好印象を与えるテーブルマナーの基本
- ☑ 取引先との打ち合わせ・商談
- ☑ 取引先への感謝を伝える接待
- ☑ 知っておきたいさまざまな場面での席次

## CASE 01 上司・先輩とのおつきあい

### 素直さと積極性のバランスを取って

　上司・先輩は社会人としての先達であり、仕事の手本となる存在です。上の立場になるほど責任が重く忙しいものなので、常に相手の都合を優先して考えるよう心がけます。敬意を持って上下の一線を引き、積極的に学ぶ意欲を示しましょう。自分の能力を高く見せようとするより、未熟さを認めて素直に仕事のやり方を上司・先輩から学ぶほうがずっと実りが多く、また可愛がられるものです。

### 上司・先輩とのおつきあい3か条

**1 キャリアに敬意を払う**
理解できないところがあっても、仕事のやり方や指示をまず受け入れる

**2 素直に話を聞く**
知識や経験が不足していても、素直に話を聞いて学ぶ姿勢がある者は可愛がられる

**3 雑用を率先して行う**
できることや手伝えることがないか、上司や先輩の様子をよく観察する

## 上司・先輩に対する姿勢

**上司**　豊かな経験と重い責任を持つ上司であり社会人としての先達。

**先輩**　現場で指導してくれる一番身近なお手本。

### 謙虚に
仕事を教えてもらっていることを忘れず、常に相手の立場に配慮する心づかいを。

### 積極的に
自分からわからないことを質問してくる部下や後輩のほうが仕事を教えやすいもの。

### 敬意を持って
上司や先輩は自分より重い責任を持っているもの。助けになることを常に意識する。

### 観察
上司・先輩は社会人・仕事経験の宝庫。観察することが、将来の力になる。

### 気づかいのコツ
上司の指示やアドバイスに納得できないときがあっても、まずは敬意を払い受け入れること。その後どうしても疑問を感じるときは積極的に質問を。

# CASE 02 同僚・後輩とのおつきあい

### 適切な距離感を保って助け合う

同僚・後輩は、職場で一緒に仕事をする重要な仲間です。日頃から円滑な人間関係を築いて風通しをよくしておけば、アドバイスをもらったり、ピンチのときに助けてもらえることも。仕事をしながら一緒に成長できる関係が理想です。親しくなるとしてもプライベートな関係とは異なるので、一線を引きつつも飲み会などの社内イベントになるべく参加するなど、居心地のよい関係を築きましょう。

## 同僚・後輩とのおつきあい3か条

**1 協力し合う関係を築く**
お互いのサポートができる相手がいない職場は厳しい

**2 悪口・うわさ話はNG**
個人的な好き嫌いを表に出さず、イーブンな関係を保つことを心がける

**3 ビジネスとプライベートに一線を引く**
社会人としての節度を持って、男女間のトラブルなどは回避する

## 同僚・後輩に対する姿勢

**同僚**
職場をともにし、同時期に社会人として成長していく仲間。ウィンウィンの関係を持ちたい。

**後輩**
未熟でも一人の人間として敬意を払うこと。自分がかつて先輩に教えてもらった分を、後輩に返すつもりで接する。

### 欠点ではなく長所を見る
ポジティブな関係を築くことを心がける。

### お互いに頼り合う
頼れる同僚は力強い支え。まず自分が相手の支えになることを意識して。

### 馴れ合わない
ミスを見逃し合うような関係はNG。親しくなってもビジネスの一線はキープ。

### 温かい目で見る
キャリアの短い後輩が未熟に見えるのは当たり前。長い目で見ること。

### 叱らない
「叱る」のではなく、「教える」「説明する」スタンスで。

### 手本になる
後輩のよきお手本になれるように、振る舞いと能力の向上に努める。

### 気づかいのコツ
同僚・後輩は仕事をサポートし合う大切な存在。親しくなっても相手のプライベートに踏み込むようなことはせず、ビジネスパートナーとして適切な距離感を心がけましょう。

# CASE 03 お酒の席での気づかい

### 楽しみながら距離を縮める

　飲み会やお酒の絡む社内行事では、自分が楽しむだけでなく、周りへの配慮が大切です。幹事にすべてを任せずに、手伝えることは率先して行ないます。また、困っている人や場に馴染めていない人がいたら、声をかけることで相手も気持ちが楽になり、全体の雰囲気もよくなります。社内外の人との距離を縮め、今後の仕事を円滑にできるよい機会なので、都合がつくならなるべく参加しましょう。

## お酒の席の3か条

**1　全体に気を配って幹事のサポートをする**
お酒や小皿の手配などは自分の体を動かすこと

**2　なるべく出席する**
短時間だけでも参加するなど、連続で欠席するのを避ける

**3　場の雰囲気を和ませる努力をする**
会話に参加していない人の隣に移動して話しかけるなど、場を盛り上げる工夫をする

## 社内の飲み会での注意点

### 気づかいのコツ

楽しい雰囲気を保つためにも自分が楽しむことは大切ですが、常に周りの様子にも目を配りましょう。積極的に声をかければ、今後の交流にもつながります。

# CASE 04 気づかいを忘れない お酒のたしなみ

### 自分の限界を知って楽しく飲みたい

　仕事においてお酒を飲む機会は数多くあります。お酒は楽しいものですが、調子にのって羽目を外すと同席した人の迷惑になり、状況によっては今後の仕事に影響を及ぼすことも。自分にとっての適量を知ったうえで、相手との会話を楽しみながら飲みましょう。お酒が苦手な人は、事前にあまり飲めないことを伝えます。相手に合わせるだけでなく、無理をしないことも大事なお酒のたしなみです。

## お酒のたしなみ3か条

**1 悪酔いしない適量を知る**
お酒をたしなむうえでの最低限のマナー。決して無理しないこと

**2 会話をメインにしながら飲む**
人といっしょに飲むときは、会話が「主」でお酒が「従」

**3 愚痴はつつしんで楽しく飲む**
お酒は大人の楽しみ。愚痴や不満のはけ口にしない

## お酒の心得

### ポイント 1
お酌をするときは両手で。自分のペースで飲みたい人もいるので、しつこくならないよう様子を見て。

### ポイント 2
会話を楽しみながら飲むのが基本。お酒が好きでもひたすら飲み続けるのはNG。

### ポイント 3
お酌を受けるときも両手で。ワインを除き、テーブルにグラスを置いたまま受けるのはマナー違反になる。

### ポイント 4
お酒が飲めない人は、幹事などにあらかじめ伝えておくとスマート。適量を超えたら、「十分いただきました」とやんわり断ってよい。

### 気づかいのコツ
自分の適量を知って、6〜7分目程度までにしておくのが無難。「飲むだけ」「食べるだけ」にならないよう、会話をしながら。

# CASE 05 好印象を与える テーブルマナーの基本

## 食事を楽しむためにこれだけは知っておきたい

食事の席にはさまざまなマナーがあります。懐石料理やフランス料理などは決まりごとが多く、慣れないと緊張感があるものですが、これらの面倒に見えるルールは本来楽しい時間を共有するために定められたものです。まずは、同席の人に不快感を与えず食事を楽しむ必要最低限のマナーを身につけておきましょう。普段から品のよい食べ方を心がけていれば、立食パーティーや会食などのときに安心して楽しむことができます。

### 食事を楽しむためのテーブルマナー3か条

**1 音をたてない**
麺類などの例外を除いて、音をたてずに食べるのがマナー

**2 口にものを入れたまま話をしない**
食べるときに話をしてはいけないのはすべての食事に共通のマナー

**3 他の人と食べるスピードを合わせる**
一緒に楽しむのが会食。早すぎても遅すぎてもよくない

## 洋食・和食のマナー

### ●ナイフとフォークの使い方

ナイフは右手、フォークは左手に持つ（右利きの場合）。ナイフは背の付け根に人差し指を添えて、フォークは人差し指と親指で支えるように持つ。一口で食べられるサイズに切って口に運ぶ。

洋食

長い髪は束ねておく。

背筋を伸ばす。

椅子に深く腰かける。

### ●箸の持ち方

上下の箸を離して持ち、下の一本を支えにして上の箸を動かす。なるべく箸の先を使うのが上品。

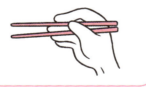

和食

基本的に正座なので、それに合わせた服装を選ぶ。タイトスカートなどはNG。

### 気づかいのコツ

食事のマナーは楽しむためのルール。箸とナイフ・フォークの持ち方は美しい食べ方の前提になるので、ぜひマスターしておきましょう。

# Column

# ビジネスシーンの雑談で話してよい話題、NGな話題

### 気軽な話題で間をつなぐ

　仕事の流れでよく知らない人と２人きりになり、話題に困った経験がある人は多いのではないでしょうか。ビジネスシーンでは、用件の間に雑談をする機会が少なからずあります。直接仕事と関係するわけではありませんが、雑談時の上手なあしらいは相手に安心感を与えます。相手に気詰まりな思いをさせない気づかいとして、数分の間をつなぐ雑談のタネを持っておきたいものです。

### 雑談は「中身のない話」がベター

　雑談の目的はリラックスした話で打ち解け、仕事の話へスムーズにつなぐこと。中身のある話はかえってふさわしくない。

きのう、弟のお弁当を持ってきてしまいまして…

### 笑える失敗談は相手との距離を縮めてくれる

　自分の失敗談は、雑談にもっとも適した話題のひとつ。ただし、事故などシリアスな話はＮＧ。

## NG

危険な話題
- 政治
- 宗教
- 他社、他人を非難する

避けたほうが無難な話題
- 学歴
- お金、財産
- 結婚、年齢などのプライバシー
- 将来
- マニアックな趣味等

政治、宗教、仕事関係の悪口は例外なくNG。個人のプライバシーに関わること、社会常識からはずれた主張や嗜好にはふれない。

次の選挙、○○党はどうですかね?

## ケースバイケース

### Goodな話題でも避けたほうがよい場合も

相手の家族や家庭の話は雑談の話題にしやすいが、病気や受験の失敗などに結びついてしまう可能性がある。初対面やそれに近い相手の場合は安易に話をふらず慎重に。

状況に注意するべき話題
- 家族、家庭
- 進行中のビジネス
- ひいきの野球、サッカーチーム
- 自分のキャリア、実績

話題に困ったときに役立つワード
「きどにたてかけし衣食住」

詳しくは187ページへ

# CASE 06 取引先との打ち合わせ・商談

## 細やかな気づかいで円滑な進行をサポート

取引先との打ち合わせや商談は、相手の意見と要求を直接聞いてやりとりする重要な仕事のプロセスです。必要な資料などを前もって十分に準備しておき、当日は円滑な進行を心がけることが、貴重な時間を割いてくれた相手に敬意を払うことになります。自分が中心ではなく同行者の場合は、上司や先輩が話を進めやすいように、内容のこぼれがないようにメモを取るなど縁の下の力持ちに徹しましょう。

## 取引先との打ち合わせ・商談3か条

### ▶1 事前の準備を怠らない
資料は事前に作成して共有し、当日の流れをシミュレーションしておく

### ▶2 相手の話をきちんと聞く
あとでまとめるため、聞きながらメモを取る

### ▶3 あいまいな回答をしない
難しい質問や一人では決められない問題は即答せず持ち帰る

## 打ち合わせ・商談の気づかい

### ポイント 1
時間配分を意識する。段取りよく進められるよう進行をイメージしておく。

### ポイント 2
相手の反応を観察する。大きなプロジェクトになるほど簡単に結論が出なくなるもの。相手の反応は、話の内容と同様に重要な情報源。

### ポイント 3
資料はいつも取り出せるように内容、部数を把握しておく。

### ポイント 4
落ち着いて全体に目を配りながら、常に同行者のフォローができる態勢を保つ。

### 気づかいのコツ
直接話している者が円滑に進行するためにも、同行者が資料を出す、戻すなどの雑務を担当しましょう。

# CASE 07 取引先への感謝を伝える接待

## 日頃の感謝を示し、精一杯のおもてなしを

取引先の接待は、関係を親密にして今後のビジネスをしやすくする意味を持つと同時に、日頃のおつきあいに対する感謝を示す機会でもあります。当然、お店や料理などは先方の好みが第一に優先されます。接待は力量が必要な仕事なので、しかるべき立場の人が担当者になり、若手社員はあくまでもサポートするかたちになります。支払いなど相手が気を回すことは、席を立つ機会にさりげなく済ませるとスマートです。

## 接待の3か条

### 1 相手の好みに合わせた席を設ける
お店や料理のセレクトは事前に下調べをして相手の好みに合わせる

### 2 支払いはさりげなく
支払いはお手洗いに立つふりをしてさりげなく済ませる

### 3 若手はサポート役
取引先はもちろん、上司も立てること

## 取引先を接待するときの注意

### ポイント 1
肩の力を抜いて楽しんでもらうのが接待の目的。うるさくならない程度にお酒や料理を勧める。

### ポイント 2
取引先や上司より先にお酒や料理に手をつけるのはNG。

### ポイント 3
お酒の追加などの雑用は率先して。

### ポイント 4
上司がつくる流れに従う。話をするときは勝手に進めず、上司の話の後を受けるかたちで。

### ポイント 5
場が冷えているときは盛り上げ役を買って出よう。

### 気づかいのコツ
接待の席で行き届いた気配りをするのは、それなりの経験が必要になります。最低限、笑顔で場を明るくする気づかいをしましょう。

# CASE 08 知っておきたい さまざまな場面での席次

## 意外なところにも席次がある

室内や車内などでの座席の順番を示す席次は、上下関係を示すルールです。基本的には、出入り口から一番遠い位置を上座、出入り口に一番近い位置が下座になり、立場の高い順に上座から下座へ位置を取ります。エレベーターなどでは状況によって必ずしも守れない場合がありますが、知らずに気づかいを欠くのは避けたいもの。基本以外のバリエーションもあるので、事前にわかっている場合は確認しておきましょう。

## 席次の3か条

### 1 上座から立場が高い順に
原則として出入り口から一番遠い席が上座

### 2 室内や車内などバリエーションに注意
壁面に絵がある場合など、レイアウトによって判断する

### 3 マナーに縛られず臨機応変に
ルールどおりにできない場合はその場で対応

## 席次の例 ※会議の席次は P101 参照

### 応接室内

●基本

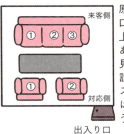

出入り口

●室内に絵が飾ってある場合　●室内の応接スペースの場合

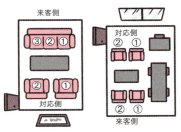

原則として入り口に遠いほうが上座。絵が飾ってある場合は絵が見える側、室内に設けられた応接スペースの場合は窓が見えるほうが上座になる。

### 車内

●タクシー　●運転手がいる場合

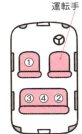

運転手が同行者でない場合は、助手席が下座。運転手が同行者の場合、助手席が上座に変わる。

### エレベーター内

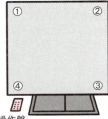

操作盤　出入り口

操作盤の近くが下座、その奥が上座になる。

### 気づかいのコツ

席次は上位者への敬意を示すものなので、エレベーターの混雑時などでは無理に守らなくても構いません。取引先との会議や接待などでは厳守します。

# Column

# ちょっとした気づかいで気持ちが伝わる伝言メモのアレンジ

### 受け取る相手のことを考えてメモを残す

　電話の内容や言付けを確実に伝えるのが伝言メモの目的ですが、ちょっとしたお礼など、形式張らずに気持ちを伝えたい場合は、通常のビジネス用とは別のメモ用紙があると便利です。用件を伝達するメモにプラスして追伸や備考を伝えたい場合はお手軽な付箋、贈り物に添えたりする場合はプチカードや一筆箋を。書く文章は2〜3行程度で十分です。手書きのひと手間が、メールとは一味違う気づかいを相手に伝えてくれます。

●**付箋**
はがした跡が残らないので一時的なメモとして使うのには便利。わざわざ文書にして残す必要まではない用件やメッセージなどに。

●**プチカード**
社内でお土産を配る、借りていた資料を返すなどの際、一言感謝の気持ちを伝えたい場合に重宝する。

●**一筆箋**
お世話になった人に贈り物を送るときなどに使う。手紙よりサイズが小さく、「拝啓」等の定型文を書く必要がないので手軽。

# 第6章

# こんなときどうする？
# 大人の気づかいQ&A

通勤時、急いでいると目の前に上司が。追い越してもいいですか?

### ひと声かけて、先に行きましょう

　新人のうちは始業までの時間に何かと準備の作業があるもの。ゆっくり歩いている上司を追い越しても失礼には当たりません。ただし、その場合も、追いついたら「おはようございます!」と声をかけて、「お先に失礼します」と会釈してから、先に行きましょう。

★Point

　ある程度会社に慣れたら、あいさつをしてから一緒に出社してもよいでしょう。ただし、雑談の際に仕事やプライベートであまり踏み込むような話をすると、相手に不快な思いを抱かせるので注意が必要です。

**昼休み、外でランチ中。偶然上司や先輩に会ったら同席すべきでしょうか?**

### あいさつのみが無難です

相手の休憩時間を邪魔しない心づかいを。ただし無言では失礼にあたるので、あいさつだけはしましょう。また、相手から誘われたときは断らずに誘いに応じます。相談したいことがある場合は「もしよろしければ…」と声をかけてみてもよいでしょう。相手が応じてくれるようなら、貴重な時間を割いていただくことに対し、きちんとお礼をするのも忘れずに。

先輩が毎日上司の悪口を言います…
どこまで同調すべきですか？

### 相手を慰めつつ、否定的な意見を回避しましょう

もし先輩の意見に同感だったとしても、悪口はトラブルの元になります。相手の悪口を受け流しながら、「こういう意図があるのかもしれませんね」などと、前向きな意見を言いましょう。上手に受け流して、職場内の雰囲気を悪くしないような気づかいを。

★Point

上司から先輩の悪口を聞かされた場合も、はっきりと同意せず、受け流すのが基本です。このとき上司に「いい加減に話を聞いている」という印象を与えないように、あいづちや表情にも気を配りましょう。

上司や先輩より先に帰ってもいいのでしょうか？ 少し気が引けます…

### 余裕があれば、ひと声かけましょう

任せられている仕事量の関係で、早く仕事が終わることもあるでしょう。「お先に失礼します」と周りに声をかけて、先に帰ってもまったく問題はありません。もし時間にまだ余裕があるなら「お手伝いできることはありますか？」と上司に確認してみましょう。

取引先からの電話で、不在の先輩の携帯電話番号を教えてくれと言われた。教えてもよいでしょうか？

### 本人の承諾なしに教えてはいけません

　仕事用のものであったとしても、携帯電話の番号を本人の承諾なしに教えるのは絶対にやめましょう。相手の連絡先をうかがったうえで、すみやかに担当者に連絡し、折り返しの電話をするように伝えます。また、重要な案件や急ぎの場合は、案件を理解している別の担当者に代わるか、いったん電話を切ってから早急に上司へ確認し、指示を仰ぎましょう。

取引先の担当者名を忘れてしまった！

A

### 素直に謝って相手に聞くのがベスト

へんにごまかそうとせず、お詫びしたうえで改めて聞くのがもっとも素直な方法です。「忘れてしまいました」とストレートに言うのではなく、「恐れ入りますが、念のためお名前を確認させていただきたいのですが…」など、言い方を工夫して気づかいを。

★Point

電話の場合は、「○○ご担当の方を…」などと言ってもよいでしょう。そこで名前が聞ける場合もあります。本人が出たときに、「取次ぎの際にお名前を聞き損ねたようです。失礼ですが…」と改めて確認しましょう。

上司のおともで出席した会議が長引いて、次の約束がピンチ！

### 上司にメモでさりげなく伝えましょう

次の約束の相手に延期などをお願いできる場合は、そっと中座して電話をし、その旨の連絡をした後で会議に戻ります。どうしてもはずせない用件の場合はそのまま退出することになりますが、いずれにしても上司に事情を書いたメモを渡し、判断を仰ぎましょう。

打ち合わせが終わった後いつも長引く取引先の話。上手に切り上げる言い方は？

### きっかけフレーズを活用して、スマートに

　無理に相手の話を終わらせようとすると、相手の気分を害してしまいます。「それでは、次の打ち合わせのご予定ですが…」など、話を先に進めるきっかけフレーズをうまく活用すると、自然な流れでスマートに話を切り上げることができます。

アポイントのお客様を待っていたら、別のお客様が来社。どちらを優先すればいい？

### アポイントがあるお客様が優先されます

　原則として、早く来たかどうかよりも約束の有無を重視します。自分への来客の場合は、来客があることを知らせてお待ちいただくか、次回の予定を決めます。上司や先輩への来客を取次ぐ場合は、念のためアポイントのない来客があることを知らせて判断を仰ぐとよいでしょう。

社内の飲み会が苦手。できるだけ参加したくないのですが…

**当たり障りのない理由を伝えて、上手に断りましょう**

　飲み会は大切なコミュニケーションの場なので、なるべくなら参加するようにしましょう。どうしても参加したくないときは「家族との約束がある」など、個人的な都合よりも差し障りのない事情を伝えます。このとき言い方や表情、「申し訳ございませんが…」と、ひと言クッション言葉を使うなど、相手に対する気づかいを示すことも重要です。

**Q11** 休日に会社の人とバッタリ。無視しちゃったけど本当はどうすればよかった？

## 軽くあいさつをしましょう

状況にもよりますが、できれば「こんにちは」と軽くあいさつします。相手にとっては休日の貴重な時間なので、極力長話はやめましょう。また、相手の状況によっては、あえて声をかけず、目が合ったときに軽く会釈をするくらいに留めるのも気づかいです。

★Point

休日に取引先の人と会ったときも、軽めのあいさつをするのが基本。相手がご家族や友人と同伴していたら、その同伴者に「○○さんには、いつもお世話になっております」と手短にあいさつをするのもよいでしょう。

立食パーティーで、どう振る舞っていいかわかりません…

### 食事よりも会話を楽しむ気持ちで

　立食パーティーは、食事よりコミュニケーションを楽しむことが目的です。社外の人に積極的に話しかけたり、目が合ったら軽くほほえんで会釈するなど、会場全体の雰囲気を壊さないように心がけましょう。また、主催者・招待者へのあいさつも忘れずに。

取引先への手みやげ、何を持っていけば間違いないでしょうか？

### 贈る相手に合った手みやげを選びましょう

相手や訪問の目的によって、ふさわしい品物が変わります。年末のあいさつには自社のカレンダー、年始のあいさつには「年賀」ののしをつけた白いタオルやお菓子が一般的です。また、お得意先を訪問するときは、日持ちして、職場内で配りやすいお菓子がよいでしょう。

 手みやげを渡すときに「つまらないものですが…」と言ったら、同僚に注意されました…

### ポジティブな表現を使うのが一般的

かつては、手みやげやプレゼントを渡すときに「つまらないものですが」と謙遜した言い方をするのが常識的でした。間違いではありませんが、現在は「評判のお菓子なので、ぜひみなさんで」などといったポジティブな表現を使う場合が多くなっています。

**Q15** 新幹線で上司と出張に行くことになりました。座席に上座と下座はありますか？

### 上司に好みの席を確認しましょう

通路側より窓際が上座で、ボックス席の場合は進行方向に向いた窓際が一番の上席になります。ただし、上司がデッキやお手洗いに近いなどの理由で通路側を望む場合もあるので、どちらの席を希望するかを直接聞いたほうがよいでしょう。

**Q16** ビジネス関係のお葬式は、どこまでの関係性だと出席するべき？

### 上司に相談して、対応を確認

訃報を受けたら、まずは上司に相談しましょう。訃報の相手が取引先の場合、企業同士の関係なのか、担当者同士の関係なのかで対応が異なり、場合によっては社長や幹部が出席することもあるので、自己判断は厳禁です。社内の場合もまずは上司に相談・確認を。

# 付録

# いざというときに役立つビジネスデータ集

- ☑ 企業で使用される役職名
- ☑ ビジネス文書でよく使う表現
- ☑ ビジネス文書でよく使う言いかえ
- ☑ 聞き取りにくい音の確認
- ☑ 話題に困ったときに役立つ「きどにたてかけし衣食住」
- ☑ ビジネス文書で使用するあいさつ・定型文
- ☑ 封筒・はがきの表書き
- ☑ 祝儀・不祝儀袋の表書き

# 企業で使用される役職名

## [国内企業の例]

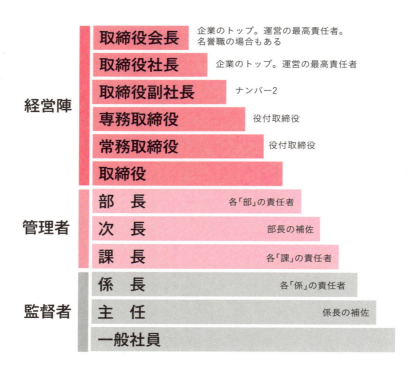

|  |  |  |
|---|---|---|
| 経営陣 | 取締役会長 | 企業のトップ。運営の最高責任者。名誉職の場合もある |
| | 取締役社長 | 企業のトップ。運営の最高責任者 |
| | 取締役副社長 | ナンバー2 |
| | 専務取締役 | 役付取締役 |
| | 常務取締役 | 役付取締役 |
| | 取締役 | |
| 管理者 | 部長 | 各「部」の責任者 |
| | 次長 | 部長の補佐 |
| | 課長 | 各「課」の責任者 |
| 監督者 | 係長 | 各「係」の責任者 |
| | 主任 | 係長の補佐 |
| | 一般社員 | |

※図は一般的な例。名称等は企業によって異なる。

## [外資系企業の例]

| 役職名 | 英語表記 | |
|---|---|---|
| 最高経営責任者<br>（CEO） | Chief Executive Officer | 企業の最高責任者。国内企業の取締役会長または取締役社長に相当する。 |
| 最高執行責任者<br>（COO） | Chief Operating Officer | 企業の日常業務を執行する実質的な企業のナンバー2に相当する。 |
| 最高財務責任者<br>（CFO） | Chief Financial Officer | 企業のファイナンス戦略の立案・執行に責任を有するマネジメント担当。 |
| EVP | Executive Vice President | 副社長としても表される。 |
| SVP | Senior Vice President | 副社長としても表される（EVPの次席）。 |
| VP | Vice President | 国内企業の取締役レベルに相当する。 |
| ディレクター | Director | 国内企業の部長～次長格に相当する。 |
| シニアマネジャー | Senior Manager | ディレクターに次ぐ役職。国内企業の次長と課長の中間に位置する。 |
| アソシエイト | Associate | 国内企業の課長と係長の中間に位置する。 |
| チーフクラーク／セクションチーフ | Chief Clerk/Section Chief | 国内企業の係長格に相当する。 |
| スタッフ | Staff | 国内企業の一般社員に相当する。 |

※表は一例。国、業界、企業によって異なる。

## ビジネス文書でよく使う表現

| 用語 | 読み方 | 意味 | 用例 |
|---|---|---|---|
| 愛顧 | あいこ | 目をかけ、引き立てること | 日頃のご愛顧、誠にありがとうございます |
| 高配 | こうはい | 相手を敬い、心配りすること | ご高配を賜り、誠にありがとうございます |
| 高覧 | こうらん | 見ることを敬って言う表現 | ご高覧いただきますよう— |
| 査収 | さしゅう | 確認のうえ受け取ることを敬って言う表現 | ご査収くださいますよう— |
| 笑納 | しょうのう | 受け取ることを敬って言う表現 | ご笑納くださいますよう— |
| 拝受 | はいじゅ | 受け取ることをへりくだって言う表現 | 拝受しました |
| 尽力 | じんりょく | 目的のために力を尽くすこと | ご尽力くださり— |
| 力添え | ちからぞえ | 力を貸すこと | お力添えください— |

## ビジネス文書でよく使う言いかえ

| 一般的な表現 | ビジネス文書 | 一般的な表現 | ビジネス文書 |
|---|---|---|---|
| あした | 明日(あす、みょうにち) | この前 | 前回 |
| 後で | 後ほど | これから | 今後 |
| いま | ただいま | さっき | 先ほど |
| 送る | 送付する | すぐに | さっそく |
| おととい | 一昨日 | 少し、ちょっと | 少々 |
| 書く | 記入する | 頼む | 依頼する |
| 考え直す | 再考する | 作る | 作成する |
| きのう | 昨日(さくじつ) | だれ | どなた |
| 去年 | 昨年 | どう | いかが |
| 配る | 配布する | どんな | どのような |
| この間 | 先日 | 見る | 拝見する |
| この次 | 次回 | 忘れる | 失念する |

## 聞き取りにくい音の確認

| | 確認方法 | | 確認方法 | | 確認方法 | | 確認方法 |
|---|---|---|---|---|---|---|---|
| あ | 朝日のア | す | すずめのス | の | 野原のノ | ゆ | 弓矢のユ |
| い | いろはのイ | せ | 世界のセ | は | はがきのハ | よ | 吉野のヨ |
| う | 上野のウ | そ | そろばんのソ | ひ | 飛行機のヒ | ら | ラジオのラ |
| え | 英語のエ | た | たばこのタ | ふ | 富士山のフ | り | りんごのリ |
| お | 大阪のオ | ち | ちどりのチ | へ | 平和のヘ | る | 留守居のル |
| か | 為替のカ | つ | つるかめのツ | ほ | 保険のホ | れ | れんげのレ |
| き | 切手のキ | て | 手紙のテ | ま | マッチのマ | ろ | ローマのロ |
| く | クラブのク | と | 東京のト | み | 三笠のミ | わ | わらびのワ |
| け | 景色のケ | な | 名古屋のナ | む | 無線のム | を | 尾張のヲ |
| こ | 子どものコ | に | 日本のニ | め | 明治のメ | ん | おしまいのン |
| さ | 桜のサ | ぬ | 沼津のヌ | も | もみじのモ | (濁点) | 例:切手のキに濁点 |
| し | 新聞のシ | ね | ねずみのネ | や | 大和のヤ | (半濁点) | 例:ハガキのハに半濁点 |

## 話題に困ったときに役立つ「きどにたてかけし衣食住」

| | 内容 | 例 |
|---|---|---|
| き | 季節・気候 | 昨日はすごい雨でしたね。大丈夫でしたか? |
| ど | 道楽・趣味 | ゴルフをされるんですか? |
| に | ニュース | 今朝のニュースで聞いたんですが… |
| た | 旅 | 最近どこか旅行に行かれましたか? |
| て | テレビ | 今流行っているドラマは見ていますか? |
| か | 家族 | ご両親とも北海道にお住まいなんですか? |
| け | 健康 | お身体の調子はいかがですか? |
| し | 仕事 | お仕事、お忙しそうですね |
| 衣食住 | 衣食住 | 「素敵なネクタイですね」<br>「駅前にちょっといい和食の店がありますよ」<br>「お住まいはどちらですか?」 |

## ビジネス文書で使用するあいさつ・定型文

### [頭語と結語]

| 文書の種類 | 頭語 | 結語 |
|---|---|---|
| 一般的な文書 | 拝啓 | 敬具 |
| 改まった文書 | 謹啓、謹呈 | 敬白、謹言 |
| 急ぎの場合 | 急啓、急呈、急白 | 草々 |
| 前文を省略する場合 | 前略、冠省 | 草々 |
| 初めて連絡する場合 | 初めてご連絡差し上げます | 敬具 |
| 返信の場合 | 拝復、啓復、謹複 | 敬具 |
| 再信の場合 | 再啓 | 敬具 |

### [時候の言葉]

| 月 | 時候の言葉 | あいさつ例 |
|---|---|---|
| 1月 | 新春の候　初春の候 | ・寒さ厳しき折〜<br>・日ごとに寒さが増してまいりますが〜 |
| 2月 | 立春の候　晩冬の候 | ・余寒なお厳しい折〜<br>・立春とは名ばかりの寒さが続きますが〜 |
| 3月 | 早春の候　春分の候 | ・日増しに暖かくなりましたが〜<br>・日ごとに春めいてまいりましたが〜 |
| 4月 | 陽春の候　春暖の候 | ・春たけなわの今日この頃〜<br>・春光うららかな季節となりましたが〜 |
| 5月 | 新緑の候　立夏の候 | ・風薫る季節となりましたが〜<br>・初夏を思わせる陽気となりましたが〜 |
| 6月 | 梅雨の候　初夏の候 | ・長雨が続く毎日〜<br>・長かった梅雨もようやく上がり〜 |
| 7月 | 盛夏の候　猛暑の候 | ・青空のまぶしい季節となりましたが〜<br>・厳しい暑さが続きますが〜 |
| 8月 | 立秋の候　残暑の候 | ・暑さもようやく峠を越し〜<br>・残暑厳しい今日この頃〜 |
| 9月 | 初秋の候　新秋の候 | ・残暑も和らぎ〜<br>・朝夕はめっきり涼しく〜 |
| 10月 | 紅葉の候　仲秋の候 | ・爽やかな秋晴れの続く季節となりましたが〜<br>・日ごとに秋も深まり〜 |
| 11月 | 晩秋の候　向寒の候 | ・紅葉が美しい季節となりましたが〜<br>・朝夕冷え込むこの頃〜 |
| 12月 | 師走の候　初冬の候 | ・寒さが身にしみる季節となりました〜<br>・年の瀬もいよいよ押し詰まり〜 |

## ［安否のあいさつ］

| | 文例 |
|---|---|
| 会社、団体に対して | 貴社ますますご清栄のこととお慶び申し上げます |
| | 御社におかれましては、いよいよご隆盛のこととお慶び申し上げます |
| | 皆様におかれましては一層ご活躍のことと存じます |
| 個人に対して | ○○様におかれましてはますますご健勝とのこと大慶至極に存じます |
| | 時下ますますご清勝のことと拝察いたします |

## ［文末の慣用句］

| | 文例 |
|---|---|
| 通常の連絡・お礼 | 取り急ぎ、ご報告申し上げます |
| | まずはご連絡のみにて失礼いたします |
| | まずは略儀ながら書中をもってお礼を申し上げます |
| 指導・支援の依頼 | 今後ともよろしくお願い申し上げます |
| | 今後ともご指導ご鞭撻のほど、よろしくお願い申し上げます |
| | 本年も倍旧のご厚情を賜りますようお願い申し上げます |
| 相手の発展を祈願する | 貴社ますますのご発展を心よりお祈り申し上げます |
| | 一層のご活躍をお祈りいたします |
| 相手の健康を祈願する | 時節柄、ご自愛くださいませ |
| | ご一同様の無事息災をお祈り申しあげます |
| お断りする | ご容赦のほど、切にお願いいたします |
| | あしからずご了承いただけますようお願い申し上げます |
| | 誠に申し訳ございませんが、ご賢察いただければ幸いです |

# 封筒・はがきの表書き

## [封筒]

### 【表面】

### 【裏面】

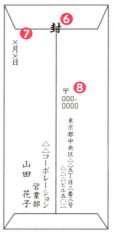

**❶住所**
宛名より小さい文字で書く。細長い封筒の場合は1行で収める。数字は漢数字を使う。

**❷会社・組織名**
住所と文頭を揃え、宛名より小さく書く。「株式会社」は略さず書く。

**❸肩書き**
会社・組織名と文頭を揃えるか、名前の上に書く。

**❹宛名**
住所等より1字分下げ、大きく書く。字間をややあけると間延びしない。

**❺外脇付け**
印を使うか、朱書き。

**❻封締め**
通常は「〆」でよい。正式な場合は「封」「緘」などの文字を使う。

**❼日付**
左上に小さい文字で書く。

**❽差出人**
中央の線に沿って住所と組織名・個人名を書くのが正式。左側に寄せてもよい。

## [はがき]

**❶住所**
宛名より小さい文字で書き、1～2行で収める。数字は漢数字を使う。

**❷会社・組織名**
住所と文頭を揃え、宛名より小さい文字で書く。

**❸肩書き**
会社・組織名と文頭を揃え、宛名より小さい文字で書く。

**❹宛名**
住所等より1字分下げ、大きい文字で書く。

**❺差出人**
左下に、郵便番号の幅に収まる範囲で書く。

# 祝儀・不祝儀袋の表書き

## ［ご祝儀袋］

【外包み】…裏面下部の折り返しが上になるよう折り重ねる。

【中包み】 表面

### 飾り結び

高額のお金を包むときに使う。

### 花結び

何度あってもよいことに使う。

### 結び切り

おもに結婚式のときに使う。

裏面

金額は漢数字で書く。「一」「二」「三」はそれぞれ「壱」「弐」「参」の字を使う。

## ［不祝儀袋］

【中包み】 裏面
右上に漢数字で金額、左下に住所と名前を書く。

【外包み】…裏面上部の折り返しが上になるよう折り重ねる。

### 宗派共通

「御霊前」はほとんどの宗教、宗派で使うことができる。

### キリスト教式

他に「御ミサ料」なども使用。

### 神式

他に「御榊料」なども使用。

### 仏式

他に「御香料」なども使用。

監修者
## 直井みずほ（なおい みずほ）

国際おもてなし協会代表理事。おもてなしコンシュルジュ。おもてなし講師。

大学卒業後、帝国ホテルにて勤務。その後ANAにて国際・国内線客室乗務員として勤務。人材育成担当を経験後、NTTグループ会社の研修講師として転身。2017年国際おもてなし協会を設立し、代表理事となる。国内外の企業や病院、学校へ、おもてなしに関する教育・支援を行う国際おもてなし協会講師として、各省庁行政機関、企業、大学、病院、ホテル、店舗など500社ほどで研修を行う。著書に『使える！伝わる！敬語と言葉づかい　マナーの便利帖』（学研パブリッシング）、『図解でわかる！ビジネス文書』（秀和システム）など。

**STAFF**

| | |
|---|---|
| 構成・編集 | 大久保麗（スタジオダンク） |
| 執筆 | 権田アスカ |
| | 小林ぴじお |
| イラスト | 伊藤ハムスター |
| | 平井きわ |
| 本文デザイン | 小堀由美子（アトリエゼロ） |
| DTP | センターメディア |
| 校正 | くすのき舎 |

人間関係もうまくいく！
## 大人の気づかい&マナーサクッとノート

監修者／直井みずほ
発行者／永岡純一
発行所／株式会社永岡書店
〒176-8518　東京都練馬区豊玉上1-7-14
　　　　☎03（3992）5155（代表）
　　　　☎03（3992）7191（編集）
印刷／ダイオーミウラ
製本／ヤマナカ製本

ISBN978-4-522-43323-2 C0036
落丁本・乱丁本はお取り替えいたします。
本書の無断複写・複製・転載を禁じます。